事业单位
财务管理与会计核算

>>>>>>>>>>>>>>>>>>>> 陈　洁◎主编

延边大学出版社

图书在版编目（CIP）数据

事业单位财务管理与会计核算 / 陈洁主编 . —— 延吉：
延边大学出版社，2022.11
ISBN 978-7-230-04305-2

Ⅰ.①事… Ⅱ.①陈… Ⅲ.①行政事业单位—财务管理—研究—中国 Ⅳ.① F812.2

中国版本图书馆 CIP 数据核字（2022）第 216892 号

事业单位财务管理与会计核算

主　　编：陈　洁
责任编辑：史　雪
封面设计：星辰创意
出版发行：延边大学出版社
社　　址：吉林省延吉市公园路 977 号　　　邮　编：133002
网　　址：http://www.ydcbs.com　　　E-mail：ydcbs@ydcbs.com
电　　话：0433-2732435　　　传　真：0433-2732434
印　　刷：天津市天玺印务有限公司
开　　本：787 毫米 ×1092 毫米　　　1/16
印　　张：11.5
字　　数：200 千字
版　　次：2022 年 11 月第 1 版
印　　次：2024 年 3 月第 2 次印刷
书　　号：ISBN 978-7-230-04305-2

定　　价：59.00 元

前　言

随着社会主义市场体系的不断完善和政府改革的不断深入，作为现代经济重要组成部分的事业单位，也应随着改革的浪潮进行相应的改革。财务管理与会计核算是事业单位财务工作的重要支柱，也是其运行的核心。与此同时，财务运行机制的转轨、财务关系的复杂化、财务工作重点的转移、筹资渠道的拓展、收支性质的变化、事业单位会计准则的颁布等，都在要求事业单位比以前任何时候都重视财务管理与会计核算工作。

在我国改革的大趋势下，事业单位更应该不断地更新财务管理理念和完善会计核算体系，使事业单位快速适应我国经济环境整体的发展变化。如今，事业单位在财会制度、财会工作中也出现了许多新的概念、新的管理要求和新的核算形式。《事业单位财务规则》（中华人民共和国财政部令第108号）、《政府会计准则——基本准则》《政府会计制度——行政事业单位会计科目和报表》（财会〔2017〕25号）等财会法规、制度的出台，标志着我国政府会计准则体系和制度建设取得了积极进展，初步建成了统一、科学、规范的政府会计核算标准体系，夯实了政府财务报告的编制基础。为了适应新的形势，让事业单位的财会人员能够全面、系统地学习新的事业单位财会法规、制度，掌握财会基础知识，并在实践中不断提高财务管理和会计核算水平，本书重点介绍了事业单位财务管理与会计核算的基础理论、财会工作的基本要求、财务管理的主要内容和会计核算的基本方法。同时，本书对常用的财经法规、财会制度、会计报告以及新的会计制度在事业单位中的应用也做了较为详尽的介绍，从理论角度剖析了实施新的会计制度的优势以及对于事业单位来说应用新制度的难点，将财务会计和预算会计科目进行对比分析找到对应关系，同时推导出两个资金平衡公式，用资金平衡关系衔接双重报表，展示了新制度下平行记账模式的特性。结合事业单位对新的会计制度应用较好的方面以及还需要改进的问题，提出了追溯往来补提折旧完成新旧制度衔接、利用资金平衡公式连接财务与预算会计等应用建议，以期为其他还没有应用新制度和应用中存在核算问题的基层事业单位提供参考。

　　本书力求简明扼要、通俗易懂，将财务管理与会计核算相结合、理论知识与操作技术相结合，从而达到全面提高财会人员的业务水平和工作能力的目的。

CONTENTS 目录

第一章　事业单位财务管理概述

第一节　事业单位财务管理的任务

　　事业单位财务管理是事业单位整个管理工作的一个重要环节。事业单位财务管理的任务，总的来说，就是要为工作任务的完成和事业计划的实现积极筹集、合理安排、节约有效地使用资金，不断提高资金使用的社会效益和经济效益，具体任务如下：

一、合理安排预算，保证资金供应，促进工作任务和事业计划的完成

　　事业单位预算是事业单位根据工作任务、事业计划以及收支标准等编制的单位财务收支计划。事业单位预算中确定的各项收入指标是事业单位开展工作和进行业务活动的财力保证，各项支出指标则决定着事业发展的方向和规模，所以事业单位财务管理的首要任务是合理安排预算，也就是科学、合理地制定事业单位的财务收支计划，并按计划合理地筹集资金，保证资金供应，确保各项任务和事业计划圆满完成。具体来说，在收入预算的安排方面，应把事业单

位的各项收入全部纳入预算，并要在充分挖掘人力、设备潜力，扩大服务面，拓宽服务项目的基础上增加收入，也要使收入的规模和增长速度与国家财政可供给的和单位组织到的资金相适应，而不能超越客观实际、贪大求快、盲目冒进，要把收入建立在稳妥可靠的基础上。在支出预算的安排方面，要量入为出，将预算支出指标控制在与收入相适应的范围内，不能在预算中留有缺口。同时，要合理安排预算支出的结构，处理好人员经费支出与公用经费支出、维持经费与发展经费、重点项目与一般项目的关系，不断提高经费支出的社会效益和经济效益。

二、积极组织收入，多方筹集资金干事业

事业单位在开展工作和业务活动以及从事生产经营的过程中，因提供服务或产品，所以也会取得一部分收入，如科研单位的科研成果转让收入，医院的医疗收入、药品收入、制剂收入，学校的学杂费收入等。在我国经济发展水平还不高，国家财政的财力还很有限的情况下，有条件的事业单位应充分挖掘单位内部现有人力、技术、设备等资源方面的潜力，积极开展各种有偿服务和生产经营活动，多方筹集事业发展资金，为事业发展提供更多的资金来源，增强单位经费自给能力，缓解资金供求矛盾，促进各项事业更快、更好地发展。

事业单位在组织收入时应严格按照国家规定，严格按照审批收费项目和收费标准，在不违反国家有关财经政策、价格政策和满足需要、合理负担的前提下开辟财源，增加收入。同时，要加强对各项收入的管理，从收费标准的制定，单位收入预算的编制和执行，到收入凭证的领取（印制）、保管、发放和使用，都要建立严格的管理制度以防止差错，把应收的收入及时足额地收上来。

三、加强支出管理，提高资金使用效益

事业单位的实力不断扩大与财力供给不足的矛盾将会长期存在。为保证各项任务的完成和事业计划的实现，加强支出的管理就显得尤为重要。事业单位的各项经费开支，应严格执行定员定额和费用开支标准，并做到按计划、按规

定的用途用款，对专项开支要专款专用。财产物资是资金支出转化而来的，是事业单位开展工作和业务活动必不可少的物质条件，因此在财务管理中必须防止和克服重钱轻物的思想，把管钱和管物结合起来。对各种财产物资做到计划购置，合理储备，及时供应，充分利用，妥善维护保养，防止各种损失浪费现象发生，真正做到物尽其用，少花钱，多办事，把事情办好。

四、建立健全财务管理制度

事业单位要合理筹集、分配和使用资金，有效地管理支出，提高资金使用效益，就要根据党和国家的路线、方针、政策和工作的实际需要，建立起一套既符合政策原则，又切合实际的内部财务管理制度，做到计划有依据，收支有标准，管理有定额，分析有资料，监督有要求，交接有手续，使事业单位的财务管理工作有章可循，有法可依，实行财务活动规范化管理。管理制度属于上层建筑，必须随着经济的发展、经济体制的改革和客观经济情况的变化不断修订、补充和完善，以适应经济发展的需要。特别是在各项改革不断深入的情况下，会有很多新问题需要解决，也有很多新经验需要不断探索和总结。因此，不断建立健全事业单位财务管理制度，是事业单位财务管理的一项重要任务。

五、加强财务监督，维护财经纪律

财务监督是利用价值形式对事业单位在开展业务活动中有关经费的筹集、缴纳和运用等进行的控制和调节。控制和调节的依据是党和国家的方针、政策以及财务规章制度和财务预算；调节和控制的目的是促进增收节支，合理使用资金，充分发挥资金的使用效益，保证各项任务的完成和事业计划的实现。

加强财务监督，首先要从思想上充分认识财务监督在整个财务管理工作中的地位和作用。这是因为在日常的财务活动中，铺张浪费、损公肥私、滥用职权、以权谋私、贪占挪用等违反财经纪律和忽视计划、不讲效益的现象时有发生。财务监督的作用就体现于此，对于那些严格执行党和国家的方针、政策，坚决维护财经纪律的单位和个人，应当给予表扬和奖励；对于那些不顾党纪国法，违反财经纪律、财务制度，铺张浪费，贪占挪用等行为，必须予以制止，触及刑律的要绳之以法。只有这样才能促使各事业单位严格执行党和国家的有关方针、政策和财务制度，规范财务行为，促进增收节支，不断提高资金使用的社会效益和经济效益。

第二节　事业单位财务管理的原则

财务管理的原则是事业单位财务管理工作必须遵循的准则。它是由社会主义市场经济的客观要求决定的，同时也反映了事业单位财务管理的特点。事业单位财务管理的原则主要有以下几个方面：

一、执行国家有关法律、法规和财务规章制度

执行国家有关法律、法规和财务规章制度，是事业单位财务管理所应遵循的最基本的原则。在社会主义市场经济体制条件下，严格执行这一原则，对提高事业单位依法办事意识，规范事业单位的财务行为，保证事业健康发展具有十分重要的意义。因此，事业单位制定财务管理规定、出台财务管理措施和开展其他财务活动，都应严格执行国家有关法律、法规和财务规章制度。

二、正确处理事业发展需要和资金供给、社会效益和经济效益的关系

首先，要正确处理事业发展需要和资金供给的关系。随着我国社会经济的发展，一方面，人民对物质文化生活的需要日益增长，各项事业急需较快发展；另一方面，由于我国经济发展水平还不高，可供财政分配的资金有限，虽然国

家每年投入事业发展的资金都以较高的比例增长，但仍不能满足事业发展的需要，资金供需矛盾十分突出。因此，事业单位既要考虑事业发展的需要，也要考虑财力因素，既要尽力而为，也要量力而行，一切从实际出发，分清轻重缓急，统筹安排、合理使用各项资金。

其次，要正确处理社会效益和经济效益的关系。事业单位财务管理是一项经济管理工作，经济核算是管理社会主义经济的重要方法。在事业单位的各项财务活动中必须进行经济核算，讲求资金使用效益。资金使用效益有社会效益和经济效益之分。讲求经济效益，就是要严格控制资金的使用，力争以最少的资产占用和最少的资金支出，获得尽可能大的经营成果，这与企业利润最大化的财务目标基本相同；讲求社会效益，即事业单位财务管理除了考虑本单位的经济利益之外，还有为整个社会经济发展服务，为改善和提高人民的物质文化生活水平服务，以及为社会主义精神文明建设服务的特点。这是由社会主义事业单位的性质决定的，也是事业单位财务管理的一大特点。社会效益和经济效益两者之间是互为条件、相辅相成的辩证统一关系。经济效益服务于社会效益，社会效益要以经济效益为基础，离开社会效益的经济效益会偏离方向，离开经济效益的社会效益会受到经济上的制约。因此，事业单位的财务管理工作必须坚持两个效益相统一并把社会效益放在首位的原则，处理好二者的关系。

三、正确处理国家、事业单位和个人三者的利益关系

国家、事业单位和个人三者之间的利益关系，客观地存在于事业单位财务收支活动中。因此，正确处理国家、事业单位和个人三者之间的利益关系，是做好事业单位财务管理工作的一项重要原则。

在国家、事业单位和个人三者关系中，事业单位是连接三者关系的中间环节。因此，正确处理三者关系就必须首先处理好国家和事业单位的利益关系，处理好国家和事业单位的利益关系，关键在于确定合理的财务管理制度。国家财政对事业单位应区分其财务收支的不同状况，实行不同的预算管理办法，使事业单位既掌握一定的事权，享有一定的财权，拥有一定的资金，又承担相应的责任，把责、权、利紧密地结合起来，充分调动各事业单位当家理财的积极性。

必须正确处理国家和个人的利益关系。事业单位的工作和业务活动，有相当一部分和人民群众密切相关，因此，事业单位的一收一支，常常涉及国家和人民群众的经济利益。在组织收入方面，哪些该收，向谁收，收多少，哪些该减收，减多少，哪些该免收等，都涉及人民群众的切身利益。在支出方面，许多支出都与改善人民群众的物质文化生活有关，如抚恤、社会福利、自然灾害救济等开支都直接用于解决人民群众的疾苦问题，因此在事业单位财务活动中，必须根据党和国家的有关方针、政策，加强调查研究，既要考虑国家财力的承受范围，又要考虑人民群众的负担能力和基本需要，把国家和人民群众的利益关系处理好。

必须正确处理事业单位和个人的利益关系。为了调动职工增收节支的积极性，在事业单位的财务管理工作中要学会运用经济办法管理财务，把事业和工作成果与职工个人的物质利益结合起来，促使职工把对个人利益的关心建立在对单位和国家利益关心的基础之上，只有这样才能调动广大职工的积极性，克服事业单位普遍存在的浪费现象，提高事业经费使用的社会效益和经济效益。

第二章　事业单位会计核算概述

第一节　事业单位会计的组成体系和特点

一、事业单位会计的组成体系

事业单位会计是对事业单位发生的各项经济业务和事项进行会计核算，主要反映和监督事业单位的财务状况、运行情况、现金流量和预算收支执行情况的会计。

（一）事业单位会计的构成

按照会计功能来划分，事业单位会计由财务会计和预算会计构成。

事业单位财务会计，是指以权责发生制为基础对事业单位发生的各项经济业务和事项进行会计核算，反映和监督事业单位的财务状况、运行情况、运行成本和现金流量等信息的会计。

事业单位预算会计，是指以收付实现制为基础对事业单位预算执行过程中发生的全部收入和全部支出进行会计核算，主要反映和监督预算收支执行情况的会计。

（二）事业单位会计组织系统

根据机构建制和经费领报关系，事业单位会计组织系统分为主管会计单位、二级会计单位和基层会计单位三级。

主管会计单位，是指向同级财政部门领报经费并发生预算管理关系，下面有所属会计单位的事业单位。

二级会计单位，是指向主管会计单位或上级单位领报经费并发生预算管理关系，下面有所属会计单位的事业单位。

基层会计单位，是指向上级单位领报经费并发生预算管理关系，下面没有所属会计单位的事业单位。向同级财政部门领报经费并发生预算管理关系，下面没有所属会计单位的，视同基层会计单位。

主管会计单位、二级会计单位和基层会计单位实行独立会计核算，负责组织管理本部门、本单位的全部会计工作。不具备独立核算条件的事业单位，实行单据报账制度，作为"报销单位"管理。因事业单位大多为行政单位的下属机构，所以大多数事业单位为二级会计单位。

二、事业单位会计的主要特点

事业单位会计是适用于各级各类单位财务活动的一门专业会计。事业单位会计核算应当具备财务会计和预算会计双重功能，实现财务会计和预算会计适度分离并相互衔接，全面、清晰地反映事业单位的财务信息和预算执行信息。事业单位的财务会计核算实行权责发生制，预算会计核算实行收付实现制，国务院另有规定的则依照其规定。事业单位会计核算的目标是向会计信息使用者提供与单位财务状况、事业成果、预算执行情况等有关的会计信息，反映单位受托责任的履行情况，有助于会计信息使用者进行管理、监督和决策。事业单位会计信息使用者包括人民代表大会、政府及其有关部门、单位自身和其他会计信息使用者。事业单位会计具有以下主要特点：

（一）事业单位会计的主体——各级各类事业单位

事业单位应当对其自身发生的经济业务或事项进行会计核算。事业单位自身发生的经济业务或事项与同级财政总预算发生的经济业务或事项之间，既有重叠的地方，也有相互独立的地方。例如，同级政府财政为单位支付日常人员经费，同级政府财政总预算会计应确认支出，单位会计也确认支出。但如果同级政府财政为单位支付购买办公设备的款项，同级政府财政总预算会计应记录支出，单位会计在记录支出的同时还应记录固定资产。单位对设备计提折旧，同级政府财政总预算会计没有相应的经济业务或事项，但单位需要记录相应的经济业务或事项。再如，事业单位利用取得的事业收入支付日常办公经费，事业单位会计形成支出，但财政总预算会计不形成支出。事业单位取得的非财政资金收入和发生的非财政资金支出，事业单位会计应确认相应的收入和支出，但对财政总预算会计来说则既没有收入也没有支出。

（二）事业单位预算会计——反映单位的预算执行情况

事业单位预算会计在反映单位预算执行情况时，采用的会计核算方法需要与相应的预算编制方法一致，只有这样，预算数与会计核算的决算数才具有可比性，会计核算的结果才能反映预算执行情况。由于事业单位预算区分基本支出预算和项目支出预算，基本支出预算又区分人员经费预算和日常公用经费预算，各种预算又分别安排财政拨款收入和其他相关收入。因此，单位预算会计需要按照预算管理的相关要求，分别为各种预算组织会计核算，以分别反映各种预算的执行情况。事业单位预算会计核算单位预算执行情况，若没有相应的预算，也就没有相应的单位预算会计核算。

（三）事业单位财务会计——反映单位的财务状况

事业单位财务会计中的资产、负债和净资产三个会计要素构成了单位的财务状况。单位的资产不仅包括库存现金、银行存款、零余额账户用款额度、应收账款等货币性资产，还包括存货、固定资产、在建工程、无形资产等非货币性资产。有些行政单位的资产还包括政府储备物资、公共基础设施等特殊种类的资产。有些事业单位的资产还包括短期投资、长期投资等种类。事业单位的负债包括应缴财政款、应付职工薪酬、应交增值税、其他未交税金、应付及暂存款项、预提费用等。有些事业单位的负债还包括短期借款、长期借款等。事业单位的净资产不仅包括累计盈余、无偿调拨净资产，还包括专用基金、权益法调整等。这与财政总预算会计的资产、负债和净资产的种类有很大的不同。事业单位财务会计如实反映单位的财务状况，有利于加强对单位资产、负债和净资产的管理。

三、事业单位会计的核算特点

（一）采用"双基础"和"双要素"

事业单位财务会计核算以权责发生制为基础，预算会计核算以收付实现制为基础。

事业单位会计要素包括财务会计要素和预算会计要素：财务会计要素包括资产、负债、净资产、收入和费用五类；预算会计要素包括预算收入、预算支出和预算结余三类。

（二）具备"双系统"和"双功能"

事业单位会计由财务会计和预算会计两个系统构成，由此同一单位会计核算应当具备财务会计和预算会计的双重功能。财务会计系统进行资产、负债、净资产、收入、费用五类要素核算；预算会计系统进行预算收入、预算支出和预算结余三类要素核算。"双系统"和"双功能"能够实现财务会计和预算会计适度分离并相互衔接，全面、清晰地反映事业单位的财务信息和预算执行信息。

（三）实行"双报告"和"双目标"

事业单位会计应当编制财务报告和决算报告。事业单位财务会计主要以权责发生制为基础，以财务会计核算生成的数据为准编制财务报告。财务报告是反映事业单位某一特定时期的财务状况和某一会计期间的运行情况和现金流量等信息的文件，应当包括财务报表（主要包括资产负债表、收入费用表、现金流量表和附注）和其他应当在财务报告中披露的相关信息和资料。事业单位预算会计主要以收付实现制为基础，以预算会计核算生成的数据为准编制决算报告。决算报告是综合反映事业单位年度预算收支和结余执行结果的文件，应当包括决算报表（主要包括预算收入支出表、预算结转结余变动表和财政拨款预算收入支出表）和其他应当在决算报告中反映的相关信息和资料。

事业单位的财务报告和决算报告目标不同。财务报告的目标是向财务报告使用者提供与事业单位的财务状况、运行情况（含运行成本）和现金流量等有关的信息，反映事业单位公共受托责任的履行情况，有助于财务报告使用者做出决策或者进行监督和管理。事业单位财务报告使用者包括各级人民代表大会常务委员会、债权人、各级政府及其有关部门、事业单位自身和其他利益相关者。决算报告的目标是向决算报告使用者提供与事业单位预算执行情况有关的信息，综合反映事业单位预算收支的年度执行结果，有助于决算报告使用者进行监督和管理，并为编制后续年度预算提供参考依据。事业单位决算报告使用者包括各级人民代表大会及其常务委员会、各级政府及其有关部门、事业单位自身、社会公众和其他利益相关者。

第二节　事业单位的会计对象、要素及规范

一、事业单位的会计对象

会计对象，又称会计客体，是指会计所核算、反映和监督的内容，具体指社会再生产过程中能以货币表现的资金运动。

事业单位会计的对象是事业单位会计所核算、反映和监督的内容。事业单位会计以货币计量为前提，因此事业单位会计的对象是能以货币表现的事业单

位的资金运动。

事业单位作为国家为了社会公益目的，由国家机关或者其他组织利用国有资产举办的社会服务组织，肩负着事业单位部门预算执行和完成国家规定的各项事业计划的职责。在组织单位经济业务活动中，事业单位按照核定的部门预算和分月（季度）用款计划通过财政直接支付和财政授权支付等方式从同级财政部门获取拨款或者按照国家规定取得其收入和预算收入；同时，按照预算规定的用途和开支标准，履行其职责，形成其费用和预算支出，收入超过费用的部分形成其盈余，预算收入超过预算支出的部分则形成结转结余。事业单位在取得收入和预算收入、发生费用和预算支出的过程中，必然形成单位的资产、负债、净资产和预算结余，因此，事业单位会计的对象是事业单位资金的获取、使用及结果，表现为事业单位在经济业务活动中所发生的收入和预算收入、费用和预算支出、盈余和结转结余以及由此形成的资产、负债、净资产和预算结余。

二、事业单位的会计要素

事业单位的会计要素分为财务会计要素和预算会计要素。

事业单位财务会计要素包括资产、负债、净资产、收入和费用五类。

事业单位预算会计要素包括预算收入、预算支出和预算结余三类。

三、事业单位的会计规范

（一）基本规范

为了适应权责发生制政府综合财务报告制度改革需要，规范事业单位会计核算，提高会计信息质量，根据《政府会计准则——基本准则》等法律、行政法规和规章，中华人民共和国财政部（以下简称"财政部"）制定了《政府会计制度——行政事业单位会计科目和报表》（财会〔2017〕25号），自2019年1月1日起施行（至今仍然适用），鼓励事业单位提前执行，执行本制度的单位,不再执行《行政单位会计制度》《事业单位会计准则》《事业单位会计制度》《医院会计制度》《基层医疗卫生机构会计制度》《高等学校会计制度》《中小学校会计制度》《科学事业单位会计制度》《彩票机构会计制度》《地质勘查单位会计制度》《测绘事业单位会计制度》《国有林场与苗圃会计制度（暂行)》《国有建设单位会计制度》等制度。

（二）相关衔接规定

为了确保新制度在事业单位的有效贯彻实施,财政部制定了《关于国有林场和苗圃执行〈政府会计制度——行政事业单位会计科目和报表〉的衔接规定》《关于测绘事业单位执行〈政府会计制度——行政事业单位会计科目和报表〉的衔接规定》《关于地质勘查事业单位执行〈政府会计制度——行政事业单位会计科目和报表〉的衔接规定》《关于高等学校执行〈政府会计制度——行政事业单位会计科目和报表〉的衔接规定》《关于中小学校执行〈政府会计制度——行政事业单位会计科目和报表〉的衔接规定》《关于科学事业单位执行〈政府会计制度——行政事业单位会计科目和报表〉的衔接规定》《关于医院执行〈政府会计制度——行政事业单位会计科目和报表〉的衔接规定》《关于基层医疗卫生机构执行〈政府会计制度——行政事业单位会计科目和报表〉的衔接规定》。

（三）其他规范

《事业单位财务规则》（财政部令第 108 号）于 2021 年 12 月 31 日审议通过,自 2022 年 3 月 1 日起施行。

为贯彻落实《事业单位财务规则》,进一步规范文化、广播电视、文物、体育事业单位的财务行为,财政部会同文化和旅游部、广电总局、文物局、体育总局四部门于 2022 年 8 月 15 日修订印发了《文化事业单位财务制度》（财教〔2022〕160 号）、《广播电视事业单位财务制度》（财教〔2022〕161 号）、《文物事业单位财务制度》（财教〔2022〕162 号）、《体育事业单位财务制度》（财教〔2022〕163 号),自印发之日起施行。根据《事业单位财务规则》修订情况和文化、广播电视、文物、体育四个行业事业单位财务管理实际情况,此次财务制度修订保持了现有制度框架,聚焦于反映财政改革进展、行业事业发展特点和事业单位管理需求，增强与《事业单位财务规则》的衔接，提高修订的针对性和可操作性，同时为下一步预算管理、债务管理、资产管理等各项改革预留空间。

为深入贯彻党中央关于加强财会监督决策部署，落实财政管理改革有关要求，进一步规范科学事业单位财务行为，加强财务管理和监督，提高资金使用效益，2022 年 8 月 19 日，财政部会同科技部修订印发《科学事业单位财务制度》。《科学事业单位财务制度》以落实改革精神、坚持问题导向、适应科研活动规律、体现科学事业单位财务特点为原则，根据新修订的《事业单位财务规则》（财政部令第 108 号），对相关内容进行了修订。为建立健全政府成本核算指引体系，规范科学事业单位的成本核算工作，根据《事业单位成本核算基本指引》（财会〔2019〕25 号）、《科学事业单位财务制度》（财教〔2022〕166 号）等规定，财政部于 2022 年 9 月 26 日制定了《事业单位成本核算具体指引——科学事业单位》。与此同时，为规范高等学校成本核算工作，根据《事业单位成本核算基本指引》（财会〔2019〕25 号）、《高等学校财务制度》（财教〔2022〕128 号）等规定，财政部于 2022 年 10 月 9 日制定了《事业单位成本核算具体指引——高等学校》。

2022 年 10 月 9 日，为进一步落实财务、资产管理有关要求，规范事业单位划转撤并的会计处理，更好地服务党和国家机构改革，根据《行政事业性国有资产管理条例》《行政单位财务规则》《事业单位财务规则》和政府会计准则制度等相关规定，财政部制定了《行政事业单位划转撤并相关会计处理规定》并遵照执行。

第三章　事业单位财务管理的内容

第一节　事业单位预算管理

2019 年 1 月 1 日,《政府会计准则制度》全面施行,这在很大程度上提高了全国各级各类事业单位的会计信息质量,提升了事业单位预算管理的效能。2020 年 10 月 1 日施行的《中华人民共和国预算法实施条例》,进一步完善了我国事业单位的预算管理体系,同时也给事业单位预算管理工作的持续改善带来了全新的挑战。

一、事业单位预算管理概述

(一)事业单位预算管理的含义

美国会计学家杰罗尔德·L. 齐默尔曼认为,预算既是一种协调公司活动的决策制定工具,也是针对公司行为的控制工具。谢志华认为,预算管理体制的本质是预算收支权力和责任的匹配问题。赵云妮认为,预算管理是由业务预算、投资预算、资金预算、利润预算、薪酬预算等要素所构成的一体化综合预算体系。林妙芳认为，预算管理是集经营预算、销售预算、资本预算等为一体的综合性预算管理体系。笔者则认为，事业单位预算管理是用于规范财政资金分配使用、划分资金使用责权范围和评价预算资金使用经济效益的综合性制度安排。

（二）事业单位预算管理的意义

1. 推动事业单位自身战略管理工作的发展

为保证事业单位的资金得到合理有效的运用，获取反馈信息并及时进行工作调整，通常在开展工作之前就进行有关的资金预算。预算连接着单位业务和单位战略，认真完成预算工作能够将单位的控制能力最大限度地发挥出来，进而提升战略管理能力并最终实现战略目标。

2. 最大限度地发挥资源作用

事业单位在规划下一年度的工作计划时，通常经过事先预算，该措施是合理分配支出和人力资源的重要保证。

3. 大幅度降低成本，增加收入

当某项业务工作或某部门出现经费不足或过多现象时，事先预算将会发挥调控功能，保证收入和支出处于平衡状态，从而保证效率最大化和成本最小化。由此可知，相关决策者应当依据预算数据合理安排各项工作的经费数目，并依据预算结果制定出下一年度业务绩效评估制度以及奖惩制度，认真履行监督管理职能。

4. 能够有效预防事业单位可能出现的财务风险

目前，财务风险早已成为事业单位运营过程中不得不面对的重要难题，导致这一问题的重要原因在于我国尚未形成对其加以制约的制度，更没有相关机制对该方面进行管理。首先，在支付方面，在我国深化事业单位改革的背景下，其内部各个部门的预算与实际资金支付之间的矛盾逐渐突出。这一现象重点表现为由于各方预算不具有稳定性和合理性的特点，因此预算彼此侵占，使支付风险提升；其次，在筹资方面，我国有部分事业单位的资金一部分来自财政拨款，与此同时，事业单位也需要自己筹资以解决资金不足的问题，部分事业单位长时间进行投资，提升自身成本，使得资金压力进一步增大，倘若决策者认识不清、盲目投资而出现利润亏损的问题，将使得财务风险大幅提升；最后，在核算方面，出现问题的主要原因在于相关工作人员的专业能力有限，对于现行的有关财务政策或制度理解不清，财务核算过程中存在漏洞、质量较低，直接对事业单位的财务管理工作造成多种不良影响。实施预算管理能够使事业单位在事前对未来的发展情况进行提前预测，其中滚动预算、弹性预算等多种不同的管理方式均能降低环境改变所带来的风险，事业单位可以此对风险进行提前防范。

（三）事业单位预算管理的流程

预算管理一般包括预算编制阶段、预算执行阶段和绩效评价与结果应用阶段。有学者认为，全面预算管理的流程包括战略规划、经营目标、运作计划、全面预算编制、全面预算监控、全面预算调整和全面预算绩效考核。还有学者认为，企业全面预算管理流程包括预算编制、预算执行和预算考核。笔者认为，事业单位预算管理流程主要包括以下环节：

1. 预算编制

首先，事业单位预算管理部门需要依据相关法律法规的规定以及上级主管部门下达的相关要求，结合本单位的实际业务需求和战略发展计划，确定预算编制的基本原则和基本要求，并在此基础上发布下一年度的预算编制方案。其次，各预算部门在接到预算编制的相关通知后，应依据本单位实际的业务活动需求，提出并制定科学合理的预算草案，并在经本单位预算决策机构审定后将该草案报送到预算管理部门。再次，预算管理部门应及时对各单位的预算草案进行一系列整理、审核和评估工作，并据此提出能够均衡各方面意见的年度综合财务预算草案。最后，预算管理部门应将年度预算草案提交至事业单位党委常委会等上级决策机构审议，并将经批准的正式预算方案按照相关规定和流程下达至各预算部门。

2. 预算执行与调整

各预算部门严格按照预算审批程序执行预算收入活动和预算支出活动。在收入方面，各预算部门应及时、足额收取应收的各项款项，以形成预定的预算收入；在支出方面，各预算部门应按照预算方案具体规定的用途使用资金，严格遵守与预算支出相关的审批流程和用款流程。若国家政策发生重大调整、事业单位职能发生重大变化或突发其他重大事件，且该突发事件将对本单位预算执行产生重大影响，各预算部门应向上级领导申请按照预算编制审批程序追加预算，若上述不可预见因素对事业单位整体预算执行产生重大影响，预算管理部门应依据实际情况提出调整预算的方案，并提交上级决策机构审议批准。

3. 预算监督

根据预算监督实施的时间，可将其分为事前监督、事中监督和事后监督。事前监督主要指，预算管理部门或事业单位内部决策机构应针对需审查批准的具体预算事项进行全方位、多领域、深层次的广泛调查，通过详细调查诸如部门预算制度执行情况、预算财政资金使用效益等重点事项，有效增强事业单位预算编制的科学合理性，督促预算部门提高预算执行力。事中监督主要指，预算管理部门或事业单位内部决策机构应在事业单位预算管理期间进行深入的实地调查，依据调查所获得的各项真实信息，督促预算部门完善和改进预算执行中的潜在问题，提高预算部门的责任意识。事后监督主要指，预算管理部门或事业单位内部决策机构依据事业单位公布的决算报告，详细调查预算管理或预算执行中的各项突出问题，并按照相关制度对相关责任人进行通报批评和责任追究。

4. 预算决算

预算管理部门应按照相关法律法规及事业单位的要求开展年度决算工作，编制并上报能够真实反映事业单位预算执行情况的决算报告，详细披露事业单位预算执行情况。决算报告也是事业单位预算管理部门及各预算部门改进完善未来预算工作的重要参考和依据。

5. 预算绩效考核

预算绩效考核不仅是事业单位内部重要的问责机制，也是事业单位内部重要的激励机制。事业单位在"花钱必问效，无效必问责"理念的指导下，明确各预算绩效事项的责任主体，建立科学合理的预算绩效指标体系，并在此基础上采用适合的预算绩效考核方法，依据事业单位实际的业务活动细化量化各项考核指标，将预算绩效考核与事业单位内部的人员激励机制相挂钩，通过分析各项预算差异形成的原因，实现精准落实预算差异责任，进而有效提高事业单位预算管理的主动性和创造性。

（四）事业单位预算管理的运作机制

基于对事业单位预算管理流程的分析，笔者认为事业单位预算管理的运作机制包括以下内容：

1. 预算编制机制

预算编制机制是预算管理的顶层设计。事业单位预算管理部门应通过自下而上、自上而下、全员参与的方式，形成事业单位的年度预算，保证具体预算内容的科学性、可行性，从而有效提升预算编制的质量。

2. 预算执行与控制机制

预算执行与控制机制是事业单位预算管理的重要工作机制。各预算管理部门需构建执行力强的工作机制，明确预算岗位职责，严格执行预算管理的各项制度，恪守预算执行审批的各项工作流程，保证预算落实到位。值得注意的是，预算管理的控制机制应贯穿于预算执行的全流程，最大限度提升预算执行的规范性、程序性，而不仅局限于对预算执行事后的控制。

3. 信息沟通机制

信息沟通机制是提升事业单位预算管理的容错纠错能力和自我完善能力的重要机制。一方面，良好的信息沟通机制能够强化各预算部门之间的合作与协作，优化各部门之间的资源配置，提升突发情形下各预算部门资源调配和预算调整的速度和效率，提升事业单位预算管理的容错纠错能力；另一方面，畅通的信息沟通机制可使事业单位预算管理部门以及上层预算决策机构尽快获得预算管理过程中的各类事项，以便于持续完善与预算管理相关的各项制度。

4. 预算监督与风险预警机制

预算监督与风险预警机制是事业单位预算管理中的重要机制之一，不仅各预算部门负责人需要对本单位的预算执行进行监督，预算管理部门或其他事业单位内部监督部门也需要对各预算部门进行监督和审查。在预算监督过程中，各监督主体既要严格履行事后监督的各项职责，也要注重事前监督和事中监督，有意识地识别、分析潜在的风险点并为相关预算部门提供风险预警，以做到未雨绸缪。

5. 绩效评价机制

绩效评价机制是决定事业单位预算管理能否充分发挥效果的重要机制。事业单位预算管理部门应当依据事业单位的内外部环境，结合事业单位自身的发展计划，建立定性与定量相结合、静态与动态相结合的预算绩效评价指标体系，并将绩效评价结果纳入事业单位内部激励机制的具体执行中，充分发挥预算管理对事业单位的重要支撑作用。

二、事业单位预算管理的优化策略

（一）强化意识，全员参与，建立健全预算管理制度

预算管理是一个系统工程，需要单位负责人、财务人员和其他部门人员的共同参与。单位负责人的重视和推动是促进预算管理制度建立和实施的重要因素，其认识和重视水平会直接影响预算管理的实施。因此，事业单位负责人应认识到建立健全预算管理制度的重要性，知晓本单位预算管理工作存在的不足及发展方向，特别是对于预算管理制度的薄弱环节，应重点关注。事业单位负责人也应多与职工进行交流沟通，了解职工对于建立和实施预算管理制度的意见和建议，使预算管理制度得到广泛支持，更好地推动预算管理制度的执行。

树立"谁花钱，谁做预算"的预算管理理念。采取措施，充分调动全员参与的积极性。一是定期实行岗位轮换制度，在同一工作岗位工作年限过长，就容易产生惰性，对规章制度的执行会流于形式或疏于执行，同时也容易形成人情关系网，滋生贪污受贿等腐败行为。二是引进和培养专业人才，在人员招聘选拔录用时，适当提高专业技能限制，引进经验丰富的高层次人才，促进业务流程优化，提高工作效率；同时，加强内部相关工作人员的道德和技能培训，使其保持良好的职业操守和职业道德，熟悉国家预算管理相关的法律法规和规章制度，掌握预算管理各流程的业务知识，为预算管理制度的贯彻执行夯实基础。

强化制度建设。事业单位结合本单位的实际情况，在国家的法律法规和各项规章制度的基础上制定适合本单位执行、可操作的实施细则或补充规定，强化预算执行的制度硬约束机制建设，全方位扎紧制度笼子；按照要求健全预算管理相关制度，并将制度覆盖预算管理全部环节，明确工作流程，落实具体责

任，从源头上保障预算管理工作的顺利开展；根据经济业务和管理要求的变化及时调整完善预算管理制度；对制度的执行情况开展定期或不定期的评估，做到"有章必循"；按照管理要求设置机构和岗位，使预算的编制与审批、审批与执行、执行与评估等岗位相互分离；为关键岗位配备具有专业技能的人员，开展专业技能和职业道德培训，树立纪律"红线"意识；关键岗位实行轮岗制度，按照规定办理交接和监交手续。

（二）设置预算管理机构，明确预算管理职责

一般情况下，事业单位应设置预算管理机构，包括预算业务管理决策机构、预算业务管理工作机构和预算业务管理执行机构。其中，预算业务管理决策机构如预算管理委员会由事业单位主要领导、财务部门负责人和相关业务部门负责人组成，定期或不定期围绕预算管理工作召开会议。预算业务管理工作机构一般设在财务部门，负责日常的预算管理工作。预算业务管理执行机构是事业单位内部各个部门利用安排的财政资金开展业务工作、执行预算并完成预算控制目标的机构。

在合理设置预算业务岗位的基础上划分预算职责和权限、明确工作流程，是开展预算管理工作的基础。其包括以下两个方面：一是建立科学的预算管理岗位职责和制约机制。建立严格的岗位责任制，明确、细化各岗位的经济责任，横向岗位设置要坚持相互制衡，不相容岗位相分离，纵向岗位设置要建立从上级到下级的分级岗位责任制。二是建立权力制约机制，完善资金审批流程，对关键岗位实行定期轮岗制度。

（三）项目申报及预算编制管理

预算编制环节是预算管理的起点，主要包括各部门申报需求、归口部门汇总审核、财务部门统筹编制、事业单位领导集体决策及按照规定要求上报等步骤。预算编制不是财务部门一家"闭门造车"，需要及时全面掌握信息、全员参与。该环节可以从以下几个方面采取措施：

第一，明确与预算编制相关的法律法规和政策。为了保证预算编制的合规性，事业单位应全面、及时地了解和掌握相关法律法规和政策，并能根据法律法规和政策的变化及时进行调整。为了实现上述目标，事业单位可以建立预算

业务管理信息系统，将与预算编制相关的法律法规及政策、人员定额标准、实物定额标准、以前年度的历史数据等输入到信息系统之中，形成预算编制的政策依据和数据基础。另外，事业单位可以定期或不定期组织预算相关岗位人员进行培训，对新政策、新规定进行解读和学习，提高相关工作人员的能力，增强预算编制的合规性。财务部门提高政策把握能力，根据轻重缓急平衡统筹，形成预算建议；预算方案经单位领导集体审定；加大预算、决算公开力度，自觉接受监督。

第二，建立部门之间的沟通协调机制。事业单位应当建立内部预算编制、预算执行、资产管理、基建管理、人事管理等部门或岗位的沟通协调机制，按照规定进行项目评审，确保预算编制部门及时取得和有效运用与预算编制相关的信息，根据工作计划细化预算编制，提高预算编制的科学性。因此，应该加强部门间信息共享互通，尤其是保持人事管理、资产管理、项目建设等部门沟通通畅，建立信息共享平台，使预算业务管理工作机构能够及时获取与预算编制相关的基础资料，深入了解预算执行机构的资金需求及用途，提高预算编制的科学性、有效性。

第三，增强预算执行机构的参与度。作为资源的使用主体，预算执行机构应当充分参与到事业单位预算编制的过程中，因为与财务部门相比，其在了解本部门工作任务以及所需资金方面更具有信息优势。事业单位应当在财务管理相应规定中明确各个预算执行机构在预算编制过程中的职责，明确其具体需要完成的相关工作，从而使事业单位能够更加合理、有效地实现资源配置。

第四，强化纪律意识，提高关键岗位人员的政治敏锐度，确保预算编制的真实性；落实编制、审核责任，充分发挥归口管理部门的作用，加强审核把关，提高预算的合规性。视情况组织内外部专家对项目进行论证、评估，建立立项评审制度，提高预算的科学性；结合"中期规划"编制，健全全员参与的预算编制机制，夯实编制基础，确保预算的完整性，做细项目支出明细，提高编制的准确性。在预算编制过程中，预算执行机构应以工作计划为依据，使用科学的方法合理测算支出需求，确定为实现工作计划所需要的基本支出和项目支出，做到预算编制与资产配置、项目申请或具体业务——对应。例如，人员经费应按照规定标准和相关人员数量核定到人；日常办公费用应按照定额标准核定；项目支出应按照业务发展需要，依照其重要程度，在财力允许范围内细化到具体项目。

（四）预算审批管理

事业单位应当充分发挥内部审核的管控作用，针对预算审批业务流程以及预算审批环节的主要风险点，采取相应的管理措施。管理措施主要有以下几个方面：

第一，明确事业单位内部授权审批相关规定。事业单位应当完善常规授权和特别授权的相关规章制度，清楚划分各个岗位处理事务的权限范围，规范审批流程，确保责权对等，促使相关工作人员在行使职权时明晰自身的职责权限，在权限范围内开展工作。

第二，落实相关机构的审核责任。在预算审批过程中，预算执行机构负责人、预算业务管理工作机构、财务部门负责人以及预算管理委员会应当各司其职，按照相关规定进行研究、审核，避免审批过程流于形式。

第三，强化内部审批下达过程。事业单位应当根据内设部门的职责和分工，对按照法定程序批复的预算在单位内部进行指标分解、审批下达。根据这一规定，预算业务管理工作机构应当依据财政部门正式批复的预算和各预算执行机构提出的支出需求，明确各项业务和各个项目的预算额度和支出标准，从而将预算指标进一步分解，下达至各预算执行机构，从而完成资源在单位内部的配置，实现预算指标在各个业务环节及相关岗位的具体落实，有利于强化预算的约束力。

第四，提高项目预算审批的科学性。某些项目的专业化程度较高，如基建项目、信息化项目、大宗物资采购等，事业单位相关机构在对这些项目的预算进行审批时，可能会因为缺乏专业知识而难以掌控支出金额的数目。事业单位除了可以成立单位内部的评审小组自行组织评审外，还可以委托专业评估机构或外部专家进行评审，提高预算审批的专业性和科学性。

（五）预算执行，调整控制

预算执行环节是整个预算管理的核心，包括各类经济业务执行、审批、资金管控等，既有支出执行也有收入执行，可以从以下几个方面采取措施：

第一，强化预算刚性约束意识，财务部门严格控制超预算支出，严格履行预算追加调整审批手续；项目归口管理部门编制预算执行月度计划，明确执行考核指标，将责任落实到岗，将任务落实到人，完善内部约束和激励机制；针对不同的预算执行方式，采取不同的审批程序。对于可以直接执行的预算，通常履行相对简化的审批程序，比如支付物业费、水电费等。预算执行机构应当严格按照支出标准和下达的预算指标开展业务，财务部门应加强资金支付环节的审核；对于需要提出执行申请的预算，如课题费等总额一定但具体内容和金额仍不确定的事项，通常采用"一事一议"的方法，在总额内申请预算指标，申请执行时预算指标和支出事项必须相对应；对于需要执行政府采购的，则需按照政府采购的有关规定开展政府采购业务。

第二，根据事业单位经费收入管理要求，合理、合法、审慎组织"其他收入"，做实做细经费测算，量入为出；健全审核流程，明确支出授权审批权限，支出费用实行归口管理，落实归口部门的审核责任，重大支出严格按照相关制度领导集体决策；对预算执行申请进行严格审核。预算执行机构必须在预算指标得到审批通过的前提下提出预算执行申请。提出申请后，由预算业务管理工作机构进行严格审核。预算执行机构提出的执行申请必须与其预算指标和工作内容相对应，同时，预算执行机构要按照经费支出管理规定提供相应的文件和单据，如接待审批表、会议申请表等。明确各支出事项的开支范围和开支标准，规范支出报销，会议费、培训费等重点支出项目，实行"预算、计划"双重管理制，加强票据真实性审核，对不真实、不合法的票据拒绝支付，对单据凭证不完整的支出退回补办。

第三，加强相关岗位业务培训，严肃财经纪律，严格执行政府采购、招投标等有关制度，加强事业单位合同管理，按照规定选择合理方式支付；建立健全不相容岗位分离的审核制度并有效执行。健全预算管理信息化系统建设，实时掌握执行情况，记录审批轨迹，实现责任可追溯。

第四，加强对预算执行的监控，建立预算执行分析机制，跟踪预算执行情况。实施分期预算控制，事业单位在依据年度预算开展经济活动的同时，可将年度预算分解为季度预算和月度预算，使预算执行进度更易于观察，落实预算指标，增加可操作性，通过各期预算目标的实现来促进年度预算目标的实现。通过会计信息、预算执行报告和其他相关资料对预算执行机构进行监督，及时发现预算执行过程中的偏差并予以纠正，对于重大预算项目要密切跟踪其执行进度，必要时还需向预算管理委员会报告。有条件的事业单位还可以建立预算执行信息平台，并设置预警机制，以便随时掌握预算执行情况。预算业务管理工作机构应加强与各预算执行机构间的沟通，及时通报其预算执行进度和完成情况，保证预算执行信息高效流转。对于预算执行进度过慢或过快的情况，认真剖析执行中存在的问题，及时纠正偏差。预算管理委员会应定期召开预算执行分析会议，分析阶段性预算执行情况以及实际发生数与预算数之间的差异，并找出原因，采取相应措施。

第五，规范预算追加调整流程。在预算执行过程中，事业单位内、外部环境有可能发生重大变化，此时如果片面强调预算的刚性约束，就可能使预算变得僵化呆板，甚至妨碍事业单位开展工作。但如果随意调整预算，又会使预算失去权威性。因此，必须建立一套严格、规范的预算调整审批制度和程序。预算执行机构在执行预算时如发现偏差，则必须进行全面分析，充分考虑主客观情况的变化以及对预算执行造成的影响，并提出建议调整方案，逐级上报审批。预算调整方案欠妥的，由预算执行机构进行修改完善，并于修改后再次履行规定的审核程序。

（六）决算与预算考核控制

决算与预算考核包括决算、绩效评价和绩效结果应用等，其中绩效管理贯穿在预算编制、执行、评价和结果应用的全过程，可以从以下几个方面采取措施：

第一，提高决算报表编制的合规性。预算业务管理工作机构应合理设置相关岗位进行决算报表的编制、审核及分析，明确分工，落实责任。在正式编制决算报表前，事业单位应全面核实其资产、负债、收入、支出，清理往来账项、盘点资产，做好基础数据核对工作，为决算报表的编制打下坚实的基础。预算业务管理工作机构根据记录完整、准确无误的会计资料编制决算报表，确保数值真实、计算正确、内容完整，经单位领导（集体）审批后，按照财政部门规定的内容、格式和时限上报。

第二，严格决算报表的审核工作。决算报表编制完成后由专人进行审核，主要审核决算报表的编制范围、编制方法和编制内容：编制范围是否全面，有无漏报、重复编报的现象；编制方法是否符合国家规定的事业单位会计制度和决算报表编制要求；编制内容是否真实、完整、准确，数据与会计账簿的记录是否一致，有无虚报、瞒报等舞弊现象；数据计算是否正确，数据是否符合报表之间、报表内各项目之间的逻辑关系等。

第三，重视决算结果的分析与运用。事业单位应强化决算分析工作，采用定性分析与定量分析相结合的方法，分析预算指标的完成程度及偏离原因，进而提出整改措施。事业单位也应进一步评价各预算执行机构的预算执行情况、资金和实物资产的使用效率和效果、履行职能的效率和效果等，及时发现问题并督促有关部门进行改进，使决算能够充分反映预算执行的结果，并为下一年度的预算编制提供基础。

第四，绩效评价应贯穿于预算业务的全过程。事业单位应建立健全绩效评价制度，按照相关规定，确定评价对象、评价指标、评价程序和奖惩措施等。拟定切实可行的预算绩效考评方案，设置科学、合理、可操作的绩效评价指标体系，各项目归口部门开展绩效自评工作，必要时可委托中介进行考评；绩效评价不应只限于事后评价，而应当贯穿于预算编制、执行、决算的全过程，包括预算执行机构申请预算时应同时申报绩效目标、预算执行过程中的跟踪监控、结合决算结果考核预算执行情况等。

第五，建立评价结果反馈机制。预算业务管理工作机构应将经过财务部门负责人审核、预算管理委员会审批通过的预算考核报告反馈给各预算执行机构，督促其按照考核报告的意见和建议进行整改。反馈内容主要包括：预算年度实际执行情况与计划绩效指标之间的差异；与以前年度绩效指标完成情况的横向对比；未实现绩效目标的原因及改进措施；绩效目标是否合理、是否需要调整等。

第六，落实评价结果的应用。绩效评价结果的应用是开展绩效评价工作的根本目的，事业单位应积极探索评价结果的应用方式，促进评价工作充分发挥作用，将评价结果运用到下一年度的预算工作中。对于评价结果优良的部门，可以结合实际情况，在下一年度预算分配时适当优先考虑该部门；对于评价结果较差的部门，应追究责任主体，督促其进行整改。

第二节　事业单位收入管理

一、事业单位收入管理概述

（一）事业单位收入的概念及分类

事业单位的收入是指事业单位为开展业务及其他活动依法取得的非偿还性资金。

事业单位的收入包括：① 财政补助收入，即事业单位从本级财政部门取得的各种财政拨款。② 事业收入，即事业单位开展专业业务活动及其辅助活动取得的收入。其中按照国家有关规定应当上缴国库或者财政专户的资金，不计入事业收入；从财政专户核拨给事业单位的资金和经核准不上缴国库或者财政专户的资金，计入事业收入。③ 上级补助收入，即事业单位从主管部门和上级单位取得的非财政补助收入。④ 附属单位上缴收入，即事业单位附属独立核算单位按照有关规定上缴的收入。⑤ 经营收入，即事业单位在专业业务活动及其辅助活动之外开展非独立核算经营活动取得的收入。⑥ 其他收入，即本条上述规定范围以外的各项收入，包括投资收益、利息收入、捐赠收入、非本级财政补助收入、租金收入等。

（二）事业单位收入管理的意义

加强事业单位收入管理，具有十分重要的意义：

第一，加强收入管理，有利于开展社会主义精神文明建设，提高中华民族的整体素质，也有利于对国民经济进行宏观调控，促进国民经济各部门进一步

27

协调发展。事业单位的活动，是社会活动不可缺少的重要组成部分。加强收入管理可以促进国民经济和社会事业进一步协调发展，促使事业单位用好财政安排的经费，提高资金使用效益，支持事业的发展。

第二，加强收入管理，有利于充裕财源，缓解资金供需矛盾，减轻财政负担，加快事业发展的步伐。事业单位在保证完成国家下达的任务的前提下，利用自身的优势，开展多种形式的有偿服务和生产经营活动，合理组织收入，能够有效地壮大事业单位的经济实力。加强事业单位收入管理，对于缓解资金供需矛盾和减轻财政负担无疑是十分有利的。这也是社会主义市场经济条件下事业单位财务的发展方向，是加快事业发展的必由之路。

第三，加强收入管理，有利于利用经济手段，调节各方面的经济利益关系，更好地体现国家的方针政策和事业发展的方向。事业单位的收入，体现国家的方针政策和事业发展的方向。通过加强收入管理，依据国家的有关方针政策，设立合理的收费项目，制定合理的收费标准并切实贯彻执行，可以在收费方面避免各自为政、各行其是，使国家、单位、公民个人的经济利益和合法权益都能得到切实的保障。

（三）事业单位收入管理的目标

收入管理是事业单位加强财务管理，促进单位整体事业目标实现的基础业务，其目标通常包括：① 各项收入符合国家法律法规的规定。② 各项收入核算准确及时，相关财务信息真实完整。③ 单位应收款项管理责任明晰，催还机制有效，确保应收尽收。④ 各项收入均应及时足额收缴，并按规定上缴到指定账户，没有发生账外账和私设"小金库"的情况。⑤ 票据、印章等保管符合国家法律法规的规定，没有因保管不善或滥用而产生错误或舞弊。

收入管理中可能存在的风险包括：① 收入业务岗位设置不合理，岗位职责不清，不相容岗位还未实现相互分离，导致错误或舞弊的风险。② 各项收入未按照收费许可规定的项目和标准收取，导致收费不规范或乱收费现象发生。③ 违反"收支两条线"管理规定，截留、挪用、私分应缴财政的资金，导致私设"小金库"和资金体外循环。④ 未由财会部门统一办理收入业务，缺乏统一管理和监控，导致收入金额不实，应收未收，单位利益受损。⑤ 票据、印章管理松散，没有建立完善的制度，存在收入资金流失的风险。

（四）事业单位收入管理的内容

为应对风险，事业单位收入通常设置以下几方面的管理：① 收入业务岗位管理——对收入业务岗位职责、权限范围、工作要求等内容进行控制，避免收入审批与管理中违法行为的发生。② 收入业务授权审批管理——对收入项目、来源依据等内容进行控制，按照特定的渠道进行分工管理，避免单位不合法、不合理的收入项目出现。③ 收入票据管理——对票据的入库、发放、使用、销号、结存等环节进行管理，避免违规使用票据的情况发生。④ 收入执行管理——对收入经费的征收、管理、账务处理等环节进行控制，严防单位收入流失。

1. 收入业务岗位管理

事业单位的各项收入应当由财会部门归口管理，统一进行会计核算，及时、完整地记录、反映单位的收入业务。收入应当全部纳入单位预算，严禁设置账外账和"小金库"。业务部门应当在涉及收入的合同、协议签订后及时将合同等有关材料提交财会部门作为账务处理的依据，确保各项收入应收尽收，及时入账。

收入业务执行过程中，如果存在职责分工不明确、岗位责任不清晰、权限设置不合理、关键岗位权力过大、缺少监督审核等情况，就极易产生错误及徇私舞弊的现象。如果收入业务岗位、会计核算岗位、资金收付岗位缺少相互牵制，就容易产生坐收坐支或挪用公款等具体问题，从而引发收入流失和资金使用的风险。

事业单位应当合理设置岗位，明确相关岗位的职责权限。收入业务的不相容岗位至少包括收入预算的编制和批准、票据的使用和保管、收入的征收与减免审批、收款与会计核算等。事业单位应通过明确划分职责权限设置岗位，加强岗位之间的相互制约和监督，达到事前防范、事中控制，防止差错和舞弊，预防腐败的目的。

2. 收入业务授权审批管理

目前事业单位的财务审批权有过于集中的缺点，并且缺乏必要的监督。授权审批环节执行不严格，如经办部门负责人、主办会计和分管财务负责人没有严格按照程序和权限审批并签章，或部门负责人不对收费申请进行认真审批、不严格审核收费过程的合规性，就容易产生收费环节的风险。

事业单位收入业务授权审批管理是针对财政补助收入、事业收入、上级补助收入、附属单位上缴收入、经营收入和其他收入等实施的管理措施，其管理流程如图 3-1 所示。

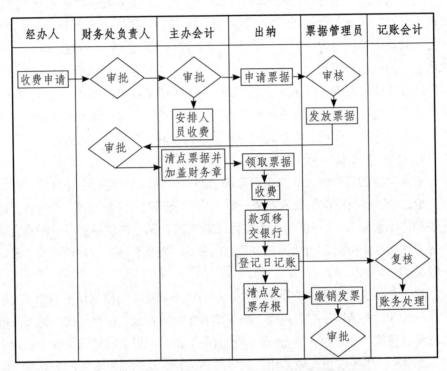

图 3-1　事业单位收入业务的授权审批管理流程

有政府非税收入收缴职能的事业单位，应当按照规定项目和标准征收政府非税收入。非税收入是事业单位依法使用政府权力、政府信誉、国家资源、国有资产或提供特殊公共服务、准公共服务取得的并用于满足社会公共需要或准公共需要的财政资金。非税收入主要包括行政事业性收费、政府性基金、国有资源有偿使用收入、国有资产有偿使用收入、国有资本经营收益、彩票公益金、罚没（罚金）收入、专项收入等。

事业单位针对行政事业性收费、政府性基金、国有资产、资源收益、罚没（罚金）收入、代结算收入等的授权审批流程是不同的。

对行政事业性收费，执收人员向缴费义务人开具非税收入管理局统一监制的收费通知或决定；对经常性收费（含政府性基金、国有资产、资源收益等），执收人员向缴费义务人开具非税收入管理局统一监制的收费通知或决定；对罚没（罚金）收入，执收人员对违法人员送达行政处罚决定书；对代结算收入（暂扣款、预收款、保证金、诉讼费等），执收人员向缴费义务人开具收费通知。

执收人员对收费项目和收费标准进行审核并开具非税收入缴款书；缴款义务人将款项缴入非税收入汇缴结算账户；缴款义务人如对收费通知、决定有异议，可以依法申请行政复议或行政诉讼，但复议或诉讼期间不停止执行。

减征、免征非税收入的，或缴费义务人因特殊情况需要减征、免征非税收入的，需要遵循以下授权审批流程（如图3-2所示）。

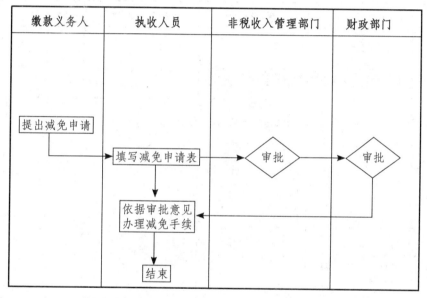

图3-2 事业单位非税收入减免审批流程

具体过程是首先由缴款义务人提出减负申请，申请书应注明减免理由及相关法律法规及政策规定，并附有特殊情况的有关证明材料；再由执收人员填制行政事业收费减免审批表，并签署是否同意减征、免征、缓征的意见；之后经单位审批同意，分别报非税收入管理局以及同级财政部门审批后，方可由执收人员办理减免应缴纳的非税收入。

事业性收费应进行分户分类核算，在月末按照收费款项划入国库和财政专户，并按月向财政部门、国库机构报送收费进度表。事业单位依法收取的代结算收入符合返还条件的，由缴费义务人提出返还申请，征收主管签署意见，并经财政部门审核确认后，通过非税收入汇缴结算账户直接返还缴费义务人。依照法律法规规定确认为误征、多征的非税收入，由缴款义务人提出申请后，经由财政部门确认，通过非税收入汇缴结算账户及时、足额、准确地退还给缴款义务人。已划至国库或财政专户的由国库或财政专户直接退付。

3. 收入业务票据管理

事业单位应当建立健全票据管理制度。财政票据、发票等各类票据的申领、启用、核销、销毁均应履行规定手续。事业单位对收入业务票据的管理流程如图 3-3 所示。

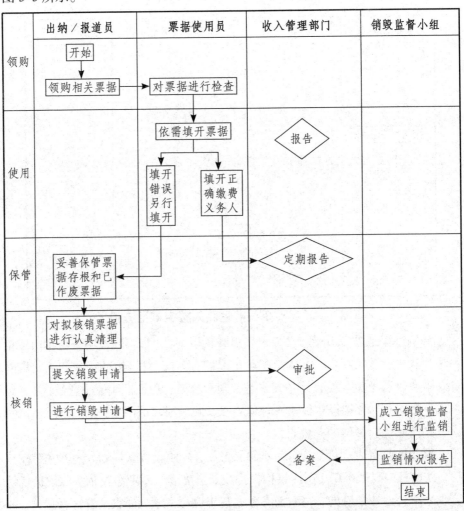

图 3-3   事业单位收入业务票据管理流程

（1）票据申领

事业单位应按照规定的手续进行财政票据、发票等各类票据的申领，征收非税收入的票据应当由出纳人员从非税收入管理部门统一领购。

（2）票据启用

事业单位应当按照规定建立票据台账并设置专门管理票据的人员，做好票据的保管和序时登记工作。票据应按照顺序号使用，不得拆本使用，作废票据也要做好管理工作。负责保管票据的人员要配置单独的保险柜等保管设备。

在非税收入票据启用前，事业单位应先检查票据有无缺联、缺号、重号等情况，一经发现应及时向非税收入管理部门报告；事业单位按照上级有关规定从上级主管部门领取的专用票据，需经同级非税收入管理部门登记备案后方能使用。

（3）票据保管与使用

事业单位应建立票据台账，全面、如实登记、反映所有票据的入库、发放、使用、销号、结存情况。票据台账所反映的票据结存数必须与库存票据的实际票种及数量一致；对票据定期进行盘点，盘点时应有出纳人员以外的人员参加，确保未使用票据的安全。

事业单位应严格执行票据管理的相关规定，不得违反规定转让、出借、代开、买卖财政票据、发票等票据，不得擅自扩大票据适用范围；须设立辅助账簿对票据的转交进行登记；对收取的重要票据，应留有复印件并妥善保管；不得跳号开具票据，不得随意开具印章齐全的空白支票。

（4）票据核销与销毁

事业单位应按照规定程序对财政票据、发票等各类票据进行核销与销毁。因填写、开具失误或其他原因导致作废的票据应予以保存，不得随意处置或销毁。对超过法定保管期限、可以销毁的票据，在履行审批手续后进行销毁，但应当建立销毁清册并由授权人员监销。

事业单位收入票据管理的关键点有以下几点：① 出纳人员从非税收入管理部门领取票据、单位按照有关规定从上级主管部门领取专用票据，需经同级非税收入管理部门登记备案后方能使用。② 执收人员开具非税收入票据时，应做到内容完整、字迹工整、印章齐全。③ 因填写错误而作废的非税收入票据，应加盖作废戳记或注明"作废"字样，并完整保存其各联，不得私自销毁。

④销毁前须认证清理销毁的票据，确保票据开出金额与财务入账金额完全一致。⑤票据销毁申请须经单位负责人同意后，方能向非税收入管理部门提交。⑥销毁监督小组由3至5名来自财务部门、审计部门的工作人员组成。⑦监督销毁情况报告应以小组名义出具，经财务部门负责人和单位负责人签字后，报送非税收入管理部门备案。

二、事业单位收入管理的优化策略

（一）事业单位收入管理的要求

第一，加强预算资金的管理，坚持按预算用款。财政预算资金是财政部门根据党和国家政策、事业单位的工作任务及收支计划安排的经费补助。事业单位必须按收支计划和事业进度申请拨款，按规定用途安排用款，不得随意拨款或挪用预算经费，更不得将预算资金转移到预算之外。

第二，充分利用现有条件积极组织收入。随着国民经济和社会的发展，各项事业都需要较快地发展以满足人们不断增长的物质和文化生活需要。在社会主义市场经济条件下，各项事业若要获得较快发展，除了财政部门积极给予支持外，有条件的事业单位还要按照市场经济的客观要求充分利用人才、技术、设备等条件拓宽服务范围，开展各种增收活动，不断扩大财源，提高自我发展能力。还应根据单位的实际情况，制定出一整套行之有效的收入管理制度，强化各部门的经济责任，防止收入流失。

第三，正确处理社会效益与经济效益的关系。事业单位开展业务及其他活动的领域一般是非物质生产领域。在这个领域开展增收活动，必须将社会效益放在首位，必须有利于事业发展，有利于丰富人民群众的物质文化生活，有利于社会主义精神文明建设。事业单位开展增收活动又要按照市场经济的一般规律办事，要讲求经济效益，所以事业单位要把经济效益与社会效益统一起来，在获得社会效益的同时获得较好的经济效益，不能单纯追求经济效益而忽视社会效益。

第四，保证收入的合法性和合理性。在收入管理中，要特别强调收入的合法性和合理性，将事业单位开展增收活动纳入正确轨道。所谓合法性，就是要依法办事。比如,对于各种事业性收费,国家都有明确的收费政策和管理制度,事业单位必须严格遵守、制定和调整收费项目和收费标准,必须按照程序报经国家有关部门批准,非经批准不得自立章程乱收费。所谓合理性,就是要从我国的实际出发,取之得当,用之合理。

第五,严格收入票据管理,加强收入的源头控制。收入票据是事业单位财务收入的法定凭证和会计核算的原始凭证,也是财政、审计、税务、计划部门进行监督检查的重要依据。严格收入票据管理是加强收入源头控制的重要手段和必要环节。属于行政事业性收费的必须使用省级财政部门监印的收费票据。属于经营性收入的必须使用税务部门规定的套印全国统一发票监制章的发票,不得使用自印自购或其他非法途径取得的财政票据和税务发票。

(二)事业单位收入管理的策略——实行财务收支统管

收支管理是事业单位财务管理的关键,实行收支统管是事业单位预算管理体系的一项重要改革,实行收支统管有利于更好地强化事业单位的收入管理工作。《事业单位财务规则》(财政部令第 108 号)规定:"事业单位应当将各项收入全部纳入单位预算,统一核算,统一管理,未纳入预算的收入不得安排支出。"即对事业单位实行收支统管。事业单位将取得的各项收入纳入单位预算后,其支出则根据收入情况进行统筹安排。事业单位通过建立这样一个预算管理体系,使单位的各种收入真正纳入了单位预算,实行统一核算,统一管理,各项财务收支和资金活动得到了全面反映。这是收支统管的基本内涵和基本模式。

实行财务收支统管的意义在于:① 实行收支统管适应了社会主义市场经济背景下的事业体制和事业财务管理体系改革的客观需要。随着改革开放逐步深入,在事业单位财务管理体制上,国家统收统支的局面逐步被打破,有条件的事业单位按照国家政策规定,积极组织收入,资金来源呈现出多元化发展的格局,这就在客观上要求事业单位的财务制度必须适应已经发展变化了的形势,对传统的事业单位预算管理体制进行大的改革,改变过去那种单纯反映预算拨款及其支出的预算管理体系,将单位的预算内、外资金统一纳入单位预算,统一核算,统一管理,实行收支统管,建立一个全面反映单位各项财务收支和资金活动的新型单位预算管理体系。②实行收支统管有助于推进事业单位资金供应方式的改革。在传统的计划经济体制下，事业单位的支出基本上由国家财政包下来，单位需要多少钱就向财政要多少钱，由财政来平衡事业单位的预算，单位对财政的依赖性很强，不利于调动单位的积极性和提升自我发展能力，也不利于财政工作的顺利开展。实行收支统管以后，国家财政对事业单位实行核定收支、定额或者定项补助的办法，财政部门根据事业单位的事业特点、事业发展计划、单位收支状况以及国家财政政策和财力确定对单位的补助额度。补助额度一经确定，一般不予调整。事业单位的预算规模则由事业单位根据各项资金来源、事业发展计划等的需要自行确定，并自行求得预算平衡。③ 实行收支统管有助于提高事业单位各项资金的综合使用效益。如何提高资金的使用效益是事业单位管理工作中的一个非常重要的问题，将预算内、外资金分别核算、分别管理、分别安排使用，显然不利于提高事业单位各项资金的综合使用效益。目前，许多事业单位财政拨款外的收入增长速度很快，有的已经超过了财政拨款。如何加强这部分收入的管理，提高单位各项资金的总体效益已成为事业单位财务管理工作的当务之急。将单位各项收入全部纳入单位预算，统一核算，统一管理，使预算外资金及其他收入的安排使用符合事业发展计划和财政政策的要求，减少使用上的盲目性和损失、浪费，这样就能够大大地提高事业单位各项资金的综合使用效益，更好、更快地促进事业的发展。

第三节　事业单位支出管理

一、事业单位支出管理概述

（一）事业单位支出的概念及分类

支出是指事业单位开展业务及其他活动发生的资金耗费和损失。我们可以从以下几个方面来理解支出的概念：① 事业单位支出必须与其业务及其他活动直接相关。凡与事业单位的业务及其他活动无关的资金付出，如个人的学习费用、代垫的职工水电费、代办性资金付出等，都不能作为事业单位的支出。② 事业单位支出属于资金耗费和损失。在确认事业单位支出的同时,必然要同时确认资产的减少或负债的增加。减少资产通常表现为现金、银行存款、材料等资产项目的减少；负债的增加通常表现为应付款项等负债项目的增加。

为了便于研究各项支出的范围和特点，弄清它们之间的区别和联系，有针对性地加强管理和监督，不断提高资金的使用效益，必须对事业单位的支出进行科学的分类。

1. 按管理方式分类

事业单位的支出，按照支出的管理方式可分为经常性支出、专项支出。经常性支出是指事业单位在开展业务及其他活动过程中经常发生的支出。专项支出是指事业单位按照专门的用途和使用范围发生的一次性消耗支出。

2. 按支出用途分类

事业单位的支出，按照用途可分为人员经费和公用经费。

（1）人员经费

人员经费是为保证事业单位专业业务活动及其辅助活动的正常开展，而用于职工个人方面的费用开支，主要包括：① 基本工资，指国家统一规定的基本工资，包括事业单位工作人员的技术职务工资和国家规定比例的津贴，各类学校毕业生见习期间的临时待遇。② 补助工资，指国家统一规定的津贴、补贴，包括各类岗位津贴、价格补贴、地区性补贴、冬季取暖补贴、职工上下班交通费补贴等。③ 其他工资，指在基本工资、补助工资之外，发给在职人员的属于国家规定工资总额组成范围内的各种津贴、补贴、奖金等。④ 职工福利费，指拨缴的工会经费、按标准提取的工作人员福利费、独生子女保健费、公费医疗费、未参加公费医疗单位的职工医疗费等。⑤ 社会保障费，指按规定支付给离退休人员的离退休金和缴纳的各项社会保险费、住房公积金等支出。⑥ 助学金，指各类学校学生助学金、奖学金、学生贷款、出国留学（实习）人员生活费、青少年业余体校学员伙食补助费和生活费补贴，按照协议由我方负担或享受我方奖学金的来华留学生、进修生生活费等。

（2）公用经费

公用经费是为了完成事业计划，用于公共事务方面的开支，主要包括：① 公务费，指事业单位办公费，邮电费，水电费，公用取暖费，工作人员差旅费，驻外机构人员出国回国旅费，器具设备车船保养修理费，机动车船燃料费、保险费和养路费，牧区办公用马、用车费，会议费，场地车船租赁费等。② 设备购置费，指事业单位不够基本建设投资额度，按固定资产管理的办公用一般设备、车船等购置费及车辆购置附加费，教学、科研、医疗单位的专业设备购置费，专业图书馆、文化馆（站）的图书购置费，档案设备购置费等。③ 修缮费，指事业单位的公用房屋、建筑物及附属设备的修缮费，公房租金。城建部门和房管部门经营的由国家预算拨款的房屋、建筑物、公共设施的维修养护费，文物保护单位的古建筑、革命纪念建筑物的维修费，按照国家有关部门的规定，不够基本建设投资额度的零星土建工程费用。④ 业务费，指事业单位为完成专业任务所需的消耗性费用开支和购置的低值易耗品。包括为进行防治防疫用的消耗性医药卫生材料费。为进行科学实验购置的工器具等低值易耗品、化学试剂、材料以及专业资料印刷、科学考察研究费用。各级各类学校开支的教学实验费、生产实习费、资料讲义费、高等学校招生经费、毕业生调遣费、教材编审费、业务资料印刷费等。外事部门及其他事业单位的临时出国人员制装费、差旅费、国外生活费补贴和外宾差旅费、招待费。财政、税务、统计、财务主管部门的账簿、表册、票证、规章制度、资料、材料的印刷费等。⑤ 其他费用，指外籍专家经费，驻外机构聘用外籍人员经费，出国实习人员生活费，来我国实习人员生活费，本单位职工教育经费，各种医疗减免经费，发给个人的抚恤费、救济费，烈军属、复员退伍军人安置费，民政事业单位休养、收养人员的生活费、服装费，民政部门收容人员给养费，以及以上未包括的其他必要开支。

（二）事业单位支出管理的目标

支出管理是事业单位财务管理的重要内容，支出管理的目标主要包括：① 各项支出符合国家相关法律法规的规定，包括开支范围和标准等。② 各项支出符合规定的程序和规范，审批手续完备。③ 各项支出真实合理。④ 各项支出的效率和效果良好。⑤ 各项支出得到正确核算，相关财务信息真实完整。

（三）事业单位支出管理的内容

事业单位应当建立健全支出内部管理制度，制定各类支出管理细则，确定事业单位经济活动的各项支出范围和标准，明确支出报销流程，按照规定办理支出事项。事业单位支出管理主要有以下几方面内容：① 支出业务岗位管理。合理设置岗位，确保不相容岗位分离。② 支出业务审批管理。明确相关部门和岗位的职责权限，确保办理支出业务的不相容岗位相互分离、制约和监督。③ 支出业务审核管理。全面审核各类单据，重点审核单据来源是否合法，内容是否真实、完整，使用是否正确，是否符合预算，审批手续是否齐全。④ 支付管理。明确报销业务流程，按照规定办理资金支付手续。签发的支付凭证应当进行登记。使用公务卡结算的，应当按照公务卡使用和管理的有关规定办理业务。⑤ 支出核算和归档管理。由财会部门根据支出凭证及时、准确登记账簿，与支出业务相关的合同等材料应当提交财会部门作为账务处理的依据。

1. 支出业务岗位管理

事业单位应当按照支出业务类型，明确内部审批、审核、支付、核算和归档等支出各关键岗位的职责权限。实行国库集中支付的，应当严格按照财政国库管理制度的有关规定执行，确保支出申请和内部审批、付款审批和付款执行、业务经办和会计核算等不相容岗位相互分离。支出业务不相容岗位还应延伸考虑：人员管理与人员支出管理；人员费用的审批与发放；支出预算的执行与监督；支出内部定额的制定与执行；支出的审核、批准与办理。

2. 支出业务审批管理

事业单位在确定授权审批的层次时，应当充分考虑支出业务的性质、重要性和金额大小。预算内的一般支出可以由部门负责人或分管领导审批，但预算内的重大开支则需要单位负责人审批才能报销；预算外的重大支出需要经事业单位管理层的集体决策，并且要对预算外支出严格管理。事业单位管理层如果只有审批权力，但不负担审批责任，就会形成违规审批、越权审批、争相审批、审批过多等风险。

事业单位应当按照支出业务的类型，明确内部审批、审核、支付、核算和归档等支出各关键岗位的职责权限，明确支出业务的内部审批权限、程序、责任和相关管理措施。审批人应当在授权范围内审批，不得越权审批。事业单位主管领导负责单位支出相关管理制度和文件的审批，参与内部定额修改方案的集体审批，负责审阅向上级单位或财政部门提供的分析报告。实行国库集中支付的，应当严格按照财政国库管理制度的有关规定执行。

事业单位应对不同资金的财务管理风险按不同的执行方式和审批权限进行管理，以某事业单位为例。

第一，基本支出：计划生育、公费医疗、抚恤金、丧葬费、养老保险个人账户这五类事项在预算执行时需要先报人事部门审核、提交财务部门核对金额，由分管财务负责人签批后，向财政部门发文申请执行。

第二，属于自行采购事项，按其规定选择相应的政府采购执行方式和自行采购执行方式履行审批手续。

第三，超过50万元的一次性大额公用经费支出经单位领导班子集体研究决定后执行并备案。

第四，除上述事项以外的其他基本支出由单位自行内部审批执行。

3. 支出业务审核管理

部分事业单位在实际业务中存在部门负责人随意审核开支的现象，对报销的经办人员缺少应有的监管，造成经办人员在报销单据中虚报支出；分管财务负责人在审核过程中见到领导签字就直接批复，不审核所报销资金的真实性、合法性。事业单位支出审核不严谨，缺乏有效的监控体系，财务人员对审核标准的理解不准确、新文件新规定下达不及时等因素，往往会产生支出审核风险。

事业单位财会部门应当加强支出审核管理，全面审核各类支出单据，重点审核单据来源是否合法，内容是否真实、完整，使用是否准确，是否符合预算，审批手续是否齐全。

支出凭证应当附有反映支出明细内容的原始单据，并由经办人员签字或盖章，超出规定标准的支出事项应由经办人员说明原因并附审批依据，确保与经济业务事项相符。

4. 支付管理

事业单位所有的付款业务都必须履行规定的程序，即支付申请—支付审批—支付审核—办理支付。出纳人员只有在收到经过领导审批、会计审核无误的原始凭证后才能按规定的金额办理付款手续。有些事业单位虽然制定了"报销支付程序与办法"等相关文件，但在实际工作中却没有完全遵守，如有的审核人员不在岗时，出纳人员有时会在报销审批手续不全的情况下，依据个人之间的关系和自己的方便程度自行办理资金支付，缺少审核程序，出纳支付资金的随意性较大，这种支付程序往往会给单位带来无法弥补的损失，可能引发"坐收坐支"的风险。

事业单位支付管理流程如图 3-4 所示。

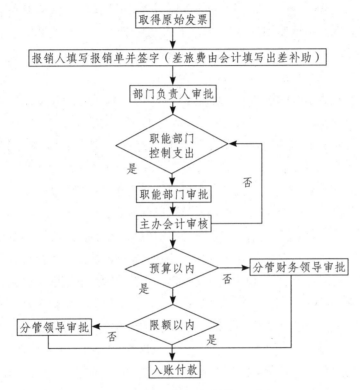

图 3-4 事业单位支付管理流程

（1）事业单位支出报销业务管理

事业单位应明确报销业务流程，按照规定办理资金支付手续，登记签发的支付凭证。一般来说，事业单位中与支出报销业务流程相关的人员包括：有报销业务的各业务部门经办人员、各业务部门负责人、分管各业务部门的事业单位领导、分管财务负责人、主办会计、记账会计、出纳会计。对事业单位支出报销业务的管理可以概括为以下四个关键环节：① 各部门经办人员先填制报销单交由该部门负责人审批，如果金额超过一定额度须报分管领导审批。② 主办会计审核报销单据的真实性、合法性。③ 分管财务负责人审核其资金使用是否合理，审批环节、审批手续是否完备。④将报销单据交出纳处，出纳给付现金或开具支票付款，登记现金或银行日记账后交给记账会计记账。

（2）事业单位支出公务卡结算管理

公务卡是预算部门工作人员持有的，主要用于日常公务支出和财务报销业务的信用卡。它既具有一般银行卡的授信消费等共同属性，又具有财务管理的独特属性。事业单位使用公务卡结算的，应当按照公务卡使用和管理的有关规定办理业务。公务卡报销不改变预算部门现行的报销审批程序和手续，有利于及时办理公务消费支出的财务报销手续。

公务卡的适用范围包括使用现金结算日常公务支出中零星商品服务和两万元以下的采购支出，具体内容包括：水费、电费、办公费、差旅费、交通费、招待费、印刷费、电话费等。事业单位使用公务卡结算的具体管理措施如下：①报销人员填报支出报销审批单，凭发票、POS机消费凭条等单据，按财务报销程序审批。②出纳人员凭核准的支出报销审批单及报销单据，通过POS机将报销资金划转到个人卡上。③报销人员当场确认后，在POS机打印的凭条上签字，财务人员凭借经签字确认的凭条、支出报销审批单登记入账。④持卡人使用公务卡结算的各项公务支出，必须在规定的免息还款期内（银行记账日至发卡行规定的到期还款日之间的期限），到本单位财务部门报销。⑤因个人报销不及时造成的罚息、滞纳金等相关费用，由持卡人承担。⑥如个别商业服务网点无法使用银行卡结算系统，报销人先行以现金垫付后，可凭发票等单据到单位财务部门办理报销审批手续。⑦因持卡人所在单位报销不及时造成的罚息、滞纳金等相关费用，以及由此带来的对个人资信的影响等责任，由单位承担。

二、事业单位支出管理的优化策略

（一）事业单位支出管理的要求

支出管理，是事业单位财务管理工作的重要组成部分，强化支出管理工作，建立健全支出管理制度，实现管理工作的制度化、规范化、标准化，既是客观形势的需要，也是事业单位财务管理工作的重要任务。事业单位支出管理应遵循以下几项基本要求：

第一，按批准的预算用款，保证支出预算的实现。事业单位支出预算是事业单位预算的组成部分，直接影响着财政总预算的执行，经一定程序审核批准的支出预算，是财政部门对事业单位支出的限定额度。因此，事业单位在预算执行过程中，必须把实现支出预算作为主要目标，坚持按预算管理支出，按规定的用途使用资金。

第二，按事业进度掌握支出，保证事业发展的资金供应。事业单位财务管理，是为实现事业计划服务的。支持和促进事业的健康发展是事业单位支出管理的重要任务之一。因此，要坚持按事业进度和对资金的需要掌握开支，要防止资金供应不足或者"寅吃卯粮"现象的发生，以保证资金的及时供应。

第三，按财政财务制度和开支标准办理支出，保证支出的合法性。财政财务制度和各项开支标准，是根据党和国家有关方针、政策制定的，是支出管理的行为规范。事业单位必须严格执行，不得违反。因此，在支出管理工作中，必须严格按照国家规定的各项财政财务制度和费用开支标准办理，不得任意扩大开支范围和擅自提高开支标准，对违反财经纪律和不合理的开支一律不得支付。在办理各项支出时，必须严格审查原始凭证的合法性和合理性，将审核无误、符合规定的原始凭证作为付款报销的依据。

第四，厉行节约，反对浪费，讲究支出效益。艰苦奋斗，厉行节约，是我们党的优良传统和作风。在支出管理工作中，必须发动和依靠广大群众，认真贯彻精打细算、厉行节约的原则，向一切铺张浪费、花钱大手大脚的不良行为作坚决斗争，树立节约为荣、浪费可耻和廉洁奉公的风尚。对各项开支要精打细算，把钱用在刀刃上。要正确处理人员经费与公用经费的关系，尽量控制行政性开支，以尽可能少的劳动消耗取得较大的、符合社会需要的事业成果。

（二）事业单位支出管理的策略

1.人员经费的管理策略

人员经费，是为保证事业单位各项业务及其他活动正常进行而用于工作人员的工资、职工福利费、社会保障费等方面支出的费用。人员经费的支出，直接关系着职工个人的物质利益，涉及如何正确处理国家利益和职工利益、充分调动职工积极性等问题，政策性较强，必须正确执行党和国家有关方针、政策，认真做好这部分支出的管理工作。

（1）严格执行人员编制管理制度

事业单位的人员编制是直接影响各项支出规模的主要因素。加强人员经费管理，合理控制支出，关键是管好人员编制。事业单位的人员编制是各级政府编制管理部门根据工作、业务需要，并结合精简的原则，逐单位核定人员配备额度。事业单位要根据编制管理部门下达的编制，结合本单位实际情况，做好人员的合理配备。对有超编现象的事业单位，应积极采取措施，限期处理超编人员，以保证编制的严肃性。

（2）严格执行工资基金管理制度

由于事业单位人员经费在事业经费中占有较大比重，严格执行工资基金管理制度，可以控制职工人数和工资总额的增长，对于正确执行国家工资计划，控制职工人数，合理使用资金，促进事业发展都有着重要意义。

第一，认真编制工资基金计划。工资基金计划由各事业单位管理部门编制，报有关主管部门审查批准后，由各有关银行按照规定的工资基金总额监督支付。

第二，监督工资基金计划的执行。主要内容包括：① 每个事业单位只准在一家银行建立工资基金专户，通常是基本存款户；② 工资必须严格控制在核定的工资基金计划以内，不得超过；③ 新增职工、调入职工应控制在编制人数以内，职工转正、定级、升级或调出、退休、死亡等均应按规定程序报批办理追加、追减工资基金手续；④ 应按规定日期发放工资，不得自行提前或推后，凭有关部门核定的工资基金计划，到开户银行支取现金；⑤ 按实发工资数提取现金的事业单位，应将职工各种代扣款总数，主动在工资基金手册中填写清楚，抵扣工资基金数额；⑥ 其他逃避工资基金监督和违反国家政策、规定的工资性开支，事业单位财会人员应拒绝付款，并向有关部门反映。

第三，分析工资基金计划的执行情况。分析的主要内容包括：① 分析工资基金计划的执行进度，对比分析执行快慢的原因；② 分析工资基金计划的追加、追减原因，检查有无违反工资基金管理规定的开支；③ 总结执行工资基金计划管理制度的成绩，找出存在的问题。

（3）严格执行各种津贴、补贴、奖金和福利待遇方面的规定

各种津贴、补贴、奖金和其他福利待遇方面的开支，与职工切身利益密切相关，涉及国家、单位、个人三者利益之间的关系，政策性较强。事业单位应

严格按照国家的有关规定执行，不得擅自扩大开支范围和提高开支标准，更不得滥发津贴、补贴和奖金。对职工的生活困难补助，应当坚持困难大的多补贴、困难小的少补助、不困难的不补助的原则，切忌平均发放。

2. 公用经费的管理策略

事业单位为完成工作任务和事业计划，必须具有一定数量的公用经费作保证。由于这部分经费大都用于日常业务活动和服务方面的开支，所以，对公用经费管理总的要求是：在保证业务需要的前提下，认真贯彻执行艰苦奋斗、勤俭节约的方针，严格按照财务规章制度和各项费用开支标准办理支出，建立健全资产管理制度，要着重抓好以下几个方面的管理工作：

（1）强化定额管理

公用经费预算是由若干科学、先进的预算定额编制而成的。定额执行得好坏，直接影响事业单位预算执行结果。对公用经费强化定额管理可根据实际情况，采取多种形式，把预算定额实行分级、分项包干，建立适合本单位具体情况的定额管理体系，以增强定额的作用。

（2）抓重点支出项目的管理

重点支出项目，是指支出数额较大，在总支出中占有较大比重，并且具备一定的压缩潜力的支出项目。公用经费中的重点支出项目，因不同时期、不同单位而有所不同。一般来看，会议费、电话费、汽车燃料修理费、设备购置费、房修费等属于控制的重点。① 对会议费可实行专项审批制度，单位根据工作计划，对确需召开的会议，事先填报"会议费预算审批表"，报经审批后才能召开会议。同时要严格控制出席会议的人数、会期，严格执行会议费开支标准。② 对电话费可实行装机审批、费用限额报销、超支自负的管理办法。根据人员编制、工作量大小等情况，对确需安装的电话，应坚持先批后装的原则，严格控制装机数量。同时对电话费实行单机结报，限额报销，节约或超支实行奖惩的办法以控制电话费开支。③ 控制汽车燃料修理费，首先要加强对车辆的维护保养，努力降低油耗；其次根据车况好坏等因素，制定先进合理的燃料消耗定额。④ 凡购置高档办公用品，要严加控制，必须购置的，应根据单位财力，事先编制计划，报领导审批。同时对高档办公用品，要设专人负责管理和保养。⑤ 对修缮费着重抓好以下两个方面工作：一是严格检查房修项目，认真划分开支渠道；二是要统筹安排、精打细算，根据本单位房屋实际情况，区分轻重缓急，做到确保危房修缮，兼顾正常维修。

（3）划清费用开支界限

为了加强对公用经费的管理和核算，必须划清几个支出界限：① 划清基建支出与事业支出的界限。凡是达到基本建设额度的支出，应报请计划部门从基建投资中安排，不得挤占事业经费。② 划清单位支出与个人支出的界限。应由个人负担的支出，不得由单位负担。③ 划清事业支出与经营支出的界限。应当列入事业支出的项目，不得列入经营支出。应当列入经营支出的项目，也不得列入事业支出。④ 划清事业支出与对附属单位补助支出、上缴上级支出的界限。对附属单位补助支出和上缴上级支出，属于本系统内部调剂性质的支出，这部分支出最终将体现在系统内部其他单位上，不能计入本单位的事业支出，以免虚增事业支出。

第四节　事业单位资产管理

一、事业单位资产管理概述

（一）事业单位资产的定义

事业单位资产一般是指事业单位占有或使用的，能以货币计量的经济资源的总称，即事业单位的公共财产。一般情况下，我们所探讨的事业单位资产是指由该单位占有或使用的资产，而不包括社会公众共同使用的一些资产。事业单位资产的构成以非经营性资产为主，但也包括了一部分经营性资产。从理论上说，事业单位是提供公益性服务的，不以经营资产为目的，收费以弥补成本为限。由于这部分资产的自我补偿能力和自我积累能力弱，因此需要财政拨款的持续投入来维持其正常运转。在监管不力的情况下，事业单位的非经营性资产实际上已越来越多地转化成经营性资产。事业单位以其占用的各种国有资产进行创收活动，背离了社会公益目标。因此本节的研究对象虽然是非经营性资产，但也要把这部分经营性资产纳入监管研究的范围中来。

（二）事业单位资产的特征

事业单位涉及的领域相当广，其从事的公益性活动纷繁复杂，这就决定了事业单位资产（特别是固定资产）带有较强的专用色彩，如科研机构所需的科研仪器和设备、气象部门的气象测绘仪器、教育单位和医院的实验装备和器械设备等，它们具有贵重、精密、高技术等特征。

事业单位资产的形成来源是多样化的。有的是通过国家权力机关批准，以无偿调拨的方式形成的；有的是通过国家财政预算拨款的方式形成的；有的是通过接受捐赠转让等形成的；还有一些是通过事业单位的创收活动积累而来的。在这些方式中，通过预算拨款形成的增量资产是中华人民共和国成立以来事业单位资产的最主要来源。虽然有人认为，某些通过市场化积累形成的事业单位资产不是严格意义上的国有资产，但考虑到政府在这一过程中所给予的政策上的种种支持，因此对这一部分资产加以一定的监管也是值得研究的。

事业单位资产比较分散，单位和职工平均占用数额不大。有些大型的事业单位占用的国有资产数量巨大，如医院、高校、广电、新闻出版单位，少则几亿元，多则几十亿元。但也有些事业单位、社团法人几乎不占用任何资产，完全靠创收来维持自身的运转。这说明不同事业单位之间的人均占用国有资产的差别是很大的。加之长期以来预算资金由主管部门分配，与事业单位履行职能并没有建立起有效的联系，更加剧了占用不均的情况。

事业单位国有资产总额和种类增加速度较快，固定资产的数量和种类增加情况与此相似，这主要是由政府财政拨款增加引起的。自改革开放以来，政府为了提高事业单位的工作质量和服务效率，加大了对事业单位的财政支持力度，除少数单位外，大部分单位的办公用房、办公家具、职工宿舍的条件有了极大改善，某些单位还拥有了现代化的办公设备、精密仪器和交通工具等。虽然不排除有些单位依靠创收积累了资产，但大多数事业单位人员存在"多占资产多得益"的思想，在各机构之间"比收入、比福利"风气的影响下，事业单位拨款居高不下。此种国有资产增长的背后存在着隐患。

近年来，随着各地事业单位改革的展开，事业单位的资产也在不断地调整。有些改革步伐较快的地方已经将具有企业性质的事业单位改制成企业，资产的性质相应地发生了转变，也有的地方将事业单位直属的企业和工厂剥离并实行独立核算。这一过程虽然有快有慢，但事业单位资产的进一步清理是大势所趋。

（三）事业单位资产管理的目标

事业单位根据相关法律法规，结合本单位的实际，建立健全内部资产管理制度。合理设置资产管理岗位，明确岗位职责，确保不相容岗位相分离；建立单位资产配置标准体系，优化新增资产配置管理流程；加大资产调控力度，提高单位日常资产使用管理水平；完善单位资产处置制度，防止国有资产流失；规范资产收益管理工作，确保应缴尽缴；加强资产清查核实管理，实施全过程管理监督。

在货币资金管理方面，建立货币资金管理岗位责任制，使不相容岗位得到有效分离；规范印章管理制度，建立货币资金授权审批机制；加强银行账户审批管理，保证银行账户的设置、开立、变更和撤销合法合规，银行账户使用规范；加强对银行账户的管理监督，保障货币资金安全；对货币资金进行定期或不定期核查，确保账实相符、账账相符。

在实物资产管理方面，设置归口管理部门或人员，加强对实物资产的取得、验收和日常使用的监管，做到资产处置经过适当审批、资产处置方式合理、处置过程合法合规、处置收入及时上缴财政等。

在无形资产管理方面，无形资产投资项目须经过分析和研究；规范无形资产日常管理；确保无形资产处置合法合规，处置方式合理。

在对外投资管理方面，管理岗位和归口管理岗位设置合理，岗位职责明确，不相容岗位相互分离；建立对外授权审批制度，确保单位对外投资的合规合法性；建立投资决策控制机制，明确投资意向提出——可行性研究——集体论证——投资审批的程序；建立投资决策责任追究制度，确保投资行为科学合理。

（四）事业单位资产管理的流程

1. 货币资金管理

（1）流程描述

该流程包括支付申请、审核与批复、付款与记账环节。事业单位货币资金的支付、保管由出纳负责；货币资金支付的审批，由出纳以外的人员按照授权分别执行。业务部门经办人填写货币资金支付申请单等资料，提交给本部门负责人审批。资金申请资料中应注明款项的用途、金额、预算、限额、支付方式等内容，附有合同协议或相关证明。业务部门负责人根据审批权限，对货币资金支付申请资料进行审核，重点关注支付内容的真实性和合理性。对不符合规定的资金申请，审批人应将审批材料返还给经办人员。

事业单位对货币资金支付申请实行分级授权审批。财务部门审核岗位对业务部门的资金支付申请进行审核，审核内容包括支付审批程序是否正确、手续及相关单证是否齐备、金额计算是否准确、支付方式是否妥当。审核通过的资金支付申请经签字或盖章确认后，传递给财务部门负责人审批。财务部门负责人在授权权限内审核资金支付申请，同意后转到付款环节；超出授权权限的资金支付申请需要提交分管领导进行审核。分管领导对支付申请进行审核，重点关注支付申请的范围、权限、程序是否正确，手续及相关单据是否完整，支付方式是否准确等。如资金支付申请通过审核，转到出纳岗位；如果资金支付申请没通过审核，应注明原因后将其退还给财务部门负责人。

业务部门经办人员签字或签章确认已收到款项，按申请用途使用资金。财务部门出纳岗位根据手续完备的资金支付申请，按照财政、银行相关规定办理支付手续，将支付单据、银行回单等资料交会计记账，同时登记现金或银行存款日记账。会计人员根据支付单据、银行回单等资料记账。审核岗位在月底根据银行对账单核对银行存款余额，编制银行余额调节表，督促会计与出纳定期对账，必要时对现金进行抽查或盘点。

（2）关键节点简要说明（见表3-1）

表 3-1　货币资金管理关键节点简要说明表

关键点	简要说明
业务部门支付申请	业务部门经办人填写货币资金支付申请单等资料。资金申请资料中应注明款项的用途、金额、预算、支付方式等内容，并附有合同协议或相关证明
业务部门审核与批复	业务部门负责人对货币资金支付申请进行审核，重点关注支付内容的真实性和合理性
财务部门审核与批复	事业单位对货币资金支付申请实行分级授权审批。财务部门审核岗位对业务部门的资金支付申请进行审核，审核内容包括支付程序、手续和资料完备情况。将审核通过后的资金支付申请传递给财务部门负责人审批。财务部门负责人在权限内审核资金支付申请，同意后转到付款环节，超出权限的资金支付申请需要提交分管领导进行审核
分管领导审核与批复	分管领导对支付单据进行审核，重点关注支付申请的范围、权限、程序是否正确，手续及相关单据是否完整，支付方式是否准确等
业务部门付款与记账	业务部门经办人员签字或签章确认已收到款项，按规定使用资金，提供收据等补充材料
财务部门付款与记账	财务部门出纳岗位根据手续完备的资金支付申请，按照财政、银行相关规定办理支付手续，根据支付单据、银行回单等资料记账。月底根据银行对账单核对银行存款余额，编制银行余额调节表

2. 实物资产管理业务

（1）流程描述

该流程包括预算及请购、采购与验收、实物领用、处置申请、审核审批、处置、备案及账务处理等环节。事业单位根据财政及上级主管部门有关资产配置的要求，加强实物资产的配置、日常管理及处置工作管理。各部门申请购建实物资产，应当根据有关资产配置标准和事前批准的资产采购预算，对资产购置进行可行性研究和分析论证。论证后，业务部门填写请购预算和请购计划，经部门负责人审核同意后分别报财务部门和资产管理部门审核。资产管理部门对资产购建计划进行审核。财务部门对资产采购预算进行审核，同意后报分管领导审批。分管领导审批同意后，汇总单位实物资产预算。

资产管理部门根据采购计划和采购预算执行申请，组织实物资产的采购工作，并负责资产验收、入库、资产台账记账工作。业务部门参与实物资产的组织采购工作，填写资产交接单，明确资产使用人责任。财务部门根据采购情况核对资产采购预算，按照合同付款，进行账务处理，定期与资产管理部门对账。

业务部门填写实物资产领用申请，提交本部门负责人审核。业务部门负责人审核资产领用申请的合理性、必要性，同意后上报给资产管理部门，审核不同意则退回至业务部门经办人。资产管理部门审核资产领用申请，检查实物资产状况，办理资产领用手续，交付实物资产，填写实物资产领用登记簿并送至财务部门登记账簿。财务部门根据资产管理部门提交的实物资产领用登记簿进行会计核算和账务处理。

实物资产处置实行分级审批制度。资产管理部门清点拟处置资产，填写资产处置申请单。申请单内容包括拟处置资产的名称、规格、型号、使用年限、使用状况等。资产管理部门负责人对资产处置申请单进行审核，同意后上报分管领导审批。

分管资产管理的领导对资产处置单进行审批，通过后对规定的资产处置履行必要的资产评估手续。事业单位分管领导对授权范围内的资产处置申请进行审核，同意后返回资产管理部门处置。超出授权范围的，将审批申请单及资产评估报告报上级主管部门、财政部门审批；上级主管部门对受理的资产处置申请进行审核，对于授权范围内的资产处置，审核同意后返回资产管理部门处置；超出授权范围的报财政部门审批。财政部门对预算部门的资产处置进行审批，同意后出具资产处置批准文件。

实物资产的处置应当遵循公开、公平、公正的原则，通过适当方式公开处置。拟处置资产价格低于评估价格的，应在处置前报相关部门审批。资产管理部门根据资产处置情况对资产记录进行调整，有关合同和文件同时提交至财务部门进行账务处理。财务部门据此对资产处置进行账务处理和核算。

（2）关键节点简要说明（见表3-2、表3-3）

表 3-2　实物资产管理业务流程关键节点简要说明表

关键节点	简要说明
业务部门预算及请购	业务部门申请购建实物资产，填写请购预算和请购计划，经部门负责人审核同意后，分别报财务部门和资产管理部门审核
资产管理部门预算及请购	资产管理部门对资产购建计划进行审核
财务部门预算及请购	财务部门对资产采购预算进行审核后，报分管领导审批。分管领导审批同意后，汇总办理单位采购预算

续表

关键节点	简要说明
分管领导预算及请购	分管领导审批资产购建预算执行申请
业务部门采购与验收	业务部门参与实物资产的组织采购工作
资产管理部门采购与验收	资产管理部门根据批准后的采购计划和采购预算执行申请，组织实物资产的采购工作，并负责资产验收、入库、资产台账记账工作
财务部门采购与验收	财务部门根据采购情况核对资产采购预算，按照合同付款，进行账务处理，定期与资产管理部门对账
业务部门领用	业务部门填写实物资产领用申请，经部门负责人审核同意后上报资产管理部门
资产管理部门领用	资产管理部门审核资产领用申请，检查实物资产，办理资产领用手续，交付实物资产，填写实物资产领用登记簿送至财务部门
财务部门领用	财务部门根据资产管理部门提交的实物资产领用登记簿进行会计核算和账务处理

表 3-3　实物资产处置流程关键节点简要说明表

关键节点	简要说明
资产管理部门处置申请	资产管理部门对拟处置资产进行清点，提交资产处置申请单，内容包括拟处置资产的名称、规格、型号、使用年限、使用状况等
资产管理部门审核审批	资产管理部门负责人对资产处置申请单进行审核，同意后上报分管领导审批
分管领导审核审批	实物资产处置实行分级审批制度,处置前需经过必要的资产评估手续。事业单位分管领导对资产处置申请进行审核，对于授权范围内的资产处置申请，审核同意后返回资产管理部门处置；超出授权范围的报上级主管部门、财政部门审批。上级主管部门对受理的资产处置申请进行审核，对于授权范围内的资产处置，审核同意后返回资产管理部门处置；超出授权范围的报财政部门审批
财政部门审核审批	财政部门对预算部门的资产处置申请进行审批
财政部门处理	财政部门对预算部门的资产处置进行审批，同意后出具资产处置批准文件
资产管理部门处理	资产管理部门按照公开、公平、公正的原则，通过适当方式进行资产处置。拟处置资产价格低于评估价格的，应在处置前报相关部门审批
资产管理部门备案及账务处理	资产管理部门根据资产处置情况对资产记录进行调整，将相关处置资料进行备案
财务部门备案及账务处理	财务部门对资产处置进行账务处理和核算

3. 无形资产管理业务

（1）流程描述

该流程包括无形资产配置、使用和处置环节。无形资产管理部门按照预算管理及国家对无形资产管理的有关规定，依法取得无形资产。无形资产按配置方式分为自行研发、购买、调剂、捐赠等方式。

管理部门按无形资产的不同性质分别对其进行管理，登记台账（或备查簿），保管有关资料；部门负责人审核有关资料及台账（或备查簿）。日常管理实行归口管理，注重落实管理责任。管理部门负责无形资产的登记、使用、权益维护等工作。财务部门按照财务管理规定进行摊销账务处理，防止无形资产的浪费或非正常损失。应定期评估无形资产的有效性和先进性，对无形资产进行必要的升级更换。

无形资产的处置应遵循公开、公正、公平的原则，由无形资产管理部门提出申请，提交财务部门审核。财务部门组织技术、法律等专业人员对拟处置的无形资产进行评估鉴定，确定拟处置资产的价格。财务部门据此按照规定权限逐级报批处置。实施无形资产处置时要做好财务处理及资料归档工作。

（2）关键节点简要说明（见表3-4）

表3-4　无形资产业务流程关键节点简要说明表

关键节点	简要说明
归口管理部门的无形资产配置	归口管理部门通过自行研制、购买、调剂、捐赠等方式取得无形资产
财务部门的无形资产配置	财务部门进行无形资产的入账处理
归口管理部门的日常管理	做好登记、使用、权益保护、费用摊销等工作，定期评估无形资产的先进性和有效性，必要时提出处置申请
财务部门的日常管理	无形资产摊销
归口管理部门的处置	提出处置申请，经批准后进行处置
分管领导、财政部门的处置	根据权限审批处置事项
财务部门的处置	进行处置的账务处理

4. 对外投资业务

（1）流程描述

该流程包括可行性研究及审批、管理监督、投资活动评价环节。事业单位投资管理部门根据国家投资法律法规、财政有关投资管理的规定和单位实际，提出对外投资的意向。经本部门负责人同意后，对投资意向进行可行性研究，编制投资可行性研究报告，报单位决策机构（局长 / 院长办公会）、财政部门审批。

管理部门根据审批通过的投资方案制订详细的投资计划，落实不同阶段的投资数量、投资的具体内容和收回情况；同时加强投资活动的管理和监督，定期进行评估；适时提出投资处置方案，经事业单位决策机构（局长 / 院长办公会）、财政部门审批后执行。

财务部门对投资情况进行账务处理。投资处置后，管理部门应对投资业务进行总体评价，评价投资对象选择的合理性、技术和经济论证的充分性、出资方式及处置的准确性、投资管理的及时性，并对存在的问题进行总结，提高对外投资业务的管理水平。

（2）关键节点简要说明（见表 3-5）

表 3-5　对外投资业务流程关键节点简要说明表

关键节点	简要说明
归口管理部门的可行性研究及审批	归口管理部门根据有关规定,结合单位实际,提出对外投资意向。经本部门负责人审核同意后形成投资可行性报告,提交单位决策机构、财政部门审批后制定投资方案
决策机构、财政部门的可行性研究及审批	单位决策机构、财政部门在权限内审批对外投资事项
归口管理部门的管理监督	管理部门编制投资计划,落实资金投资数额,加强投资业务管理。定期对投资情况进行评估,对拟处置投资制定方案
财务部门的管理监督	财务部门对投资情况进行账务处理
决策机构、财政部门的管理监督	单位决策机构、财政部门分权限内审批对外投资处置事项
财务部门对投资活动的评价	财务部门对投资处置情况进行账务处理
归口管理部门对投资活动的评价	归口管理部门对投资情况进行评价

二、事业单位资产管理的优化策略

（一）资产管理措施

1.资产管理体系的构建

（1）建立健全内部资产管理制度

事业单位应立足自身实际发展的需要，对各项资产管理制度及时做出补充和完善，确保资产管理更加有序、高效。国有资产管理制度体系应该做到全覆盖，形成管理全口径、全覆盖的资产管理规章体系。制度建设不仅要做到有章可循，同时还要便于管理：一是单位应将资产管理制度进行细化，如资产采购验收制度、日常使用管理制度、转让管理制度、报损报废制度、监督检查制度等，在资产管理的各个环节都能做到有据可依。二是资产管理的各项制度要整体有序、环环相扣，相互之间不存在冲突，便于执行。制度应该全面，要考虑到不同管理层次的需求，要有效果、能落地。同时，要加强资产管理内部审计制度的执行力度，事业单位内部审计可适时开展资产管理专项审计，及时发现资产管理过程中存在的不规范、低效率问题，并通过整改来解决资产管理漏洞，防范风险。

（2）合理设置资产管理岗位，明确职责权限

事业单位应按照"统一领导、分类管理、归口统筹、分级负责、责任到人"的管理体制，根据"三定"规定和本单位的实际情况，合理设置资产管理岗位，确保不相容岗位相分离。通过明确划分各职能部门、管理岗位的职责权限来有效实现资产管理的内部控制，首先，实现内部各部门之间相分离，即预算编制部门与资产采购部门相分离，采购部门与验收部门相分离，验收部门与入账部门相分离，实物账、价值账的管理部门相分离，实物账、实物管理相分离；其次，实现资产管理部门不相容职务相分离，即负责预算编制管理与负责采购管理相分离、负责采购管理与负责账务管理相分离、负责库房管理与负责账务管理相分离；最后，实现资产管理部门内部各岗位之间不相容岗位相分离，即库房管理岗位与账务管理岗位相分离、资产采购岗位与资产账务管理岗位相分离、库房管理岗位与办理资产处置岗位相分离。在实现分离控制的同时也要考虑成本效益原则，所以在实际工作中不能过于增加事业单位资产管理的层次

和人员，要以高效、实用为出发点，根据单位的实际情况，有重点、合理地设置管理层次和人员岗位，明确各个层次的职责权限，强化各相应层次的责任。只有这样，才能提高单位资产管理的有用性和效率性。

（3）识别资产管理风险点，采取相应的风险点控制措施

事业单位资产管理容易出现的风险点主要包括货币资金是否安全完整，资产配置是否科学、合理，采购是否按国家相关规定办理，资产验收是否规范，出入库手续是否齐全，账账、账实是否相符，使用过程中领用、借用、归还手续是否齐全，资产出租、出借、对外投资的程序是否合法，在资产使用过程中是否存在损坏、丢失、浪费、闲置、使用率低下的问题，是否严格按照规定进行资产处置，待报废资产是否账实、账账相符，资产清查是否全面彻底，是否存在隐瞒不报、账实不符的情况等。准确识别资产管理各环节的风险点并建立与之相匹配的控制措施是实现资产管理的切实保障。

（4）加强资产清查核实工作力度

事业单位根据资产管理的工作需要，按照规定的程序、方法，对本单位进行账务清理、财产清查，依法认定各项资产损益和资金挂账，对资产盘盈、损失和资金挂账按程序予以申报认定，从而明确单位资产总额。清查内容包括单位基本情况清理、账务清理、财产清查和完善制度等。其中，单位基本情况清理是指对被纳入清查工作范围的所属单位户数、机构及人员状况等基本情况进行清理；账务清理是指对单位的库存现金、银行账户、有价证券、资金往来和其他基本账务情况进行核对和清理；财产清查是指对单位的各项资产进行全面的清理、核对和查实；完善制度是指对存在的资产管理问题进行总结分析，提出整改措施和实施计划，建立健全各项资产管理制度。单位对清查的资产盘盈、损失和资金挂账情况应该按照资产清查要求分类整理，提出相关的处理建议。

（5）加快资产管理信息化建设，合理配置资源

事业单位应大力推进资产管理信息化的实践，加快建立本单位的资产信息管理平台，包括资产卡片管理、资产配置管理、资产使用管理、资产处置管理、产权登记管理、资产评估管理、资产收益管理、资产报表管理和查询分析等。实现资产管理信息系统与财务系统的对接和完善，一方面，实现资产管理和预算、财务、实物等管理的对接，从规范资金的投入使用入手，加大资金使用的审核力度，制订合理的资源配置计划，关注资金投入的目的性和针对性，要将

有限的资金用在最适合、最需要的地方；另一方面，建立资源共享平台，改变设备资产重复购置、闲置浪费的现状，结合本单位资产设备的管理情况，合理安排、调配资源，不断提高资产的利用率。利用资产管理信息系统对资产进行动态管理与监控，在节约人工成本的情况下，及时发现、解决资产管理过程中存在的各类问题，提高资源配置的效率。

（6）建立健全资产绩效评估体系，提高资产使用效率

事业单位要对资产管理的绩效进行评价。绩效评估体系能够在很大程度上有效地降低资产管理成本，提高资产的使用效率。资产管理绩效评价应科学地设立评价指标体系，基于客观性、可比性、系统性、合理性等原则，以事业单位资金投入后产生的效果、效率和效益为基础，借助定性指标与定量指标相结合的方法，形成一套较完备的多指标体系，对国有资产管理的实效进行科学评价。单位应根据实际情况，根据管理需求的不同，合理确定评价重点，不断摸索适合自身需求的评价体系。例如，资产管理绩效评价体系不应仅局限于评价资产管理的效率、效益、效果，如果管理制度本身不完善，还应对资产管理体制、机制的建设及管理水平的高低加以评价，同时与资产管理紧密相关的财务绩效与预算绩效也应纳入考核的内容，资产管理绩效评价结果应作为国有资产配置的重要依据。

（二）货币资金管理

1. 建立健全货币资金管理体系

货币资金管理主要集中在财务部门内部，涉及出纳、会计、稽核、财务部门负责人，分管财务单位领导等岗位。要建立健全货币资金管理体系，需要做到以下几点：

一是建立货币资金管理的风险评估机制。具体来讲，可分为以下步骤：分析事业单位货币资金发生风险的原因，找出风险控制点，作为货币资金管理开展的参考；找出应对风险的措施，制作出货币资金业务风险控制的业务流程图；明确每个业务流程中相关人员的责任；明确授权体系，明示各个环节的货币资金风险控制点，更好地规避风险；设置货币资金风险控制的评估人员，定期与财会人员交流，对货币资金风险进行实时监控，不断完善风险控制制度，进而更好地对风险进行评估和控制；风险控制的评估人员定期总结出风险评估

报告，向事业单位负责人进行汇报；对实施状况进行内部监督，更好地进行风险控制；将货币资金管理活动执行的结果纳入每个相关人员的业绩考核，激励全员更用心地做好货币资金的管理工作。

二是不相容职务相互分离制度。货币资金的实施支付人员不能同时是审批人员，否则就失去了审批的意义；货币资金的保管人员不能同时负责记账工作；货币资金的保管者不能同时是授权保管的人；货币资金的记账人员不能同时负责审计工作；出纳不能在负责本职工作的同时，又负责记账、开票等工作；货币资金业务经办人员要具有相应的资格并定期轮岗，防止出现舞弊行为。

三是不断规范货币资金业务流程。货币资金业务流程首先要从预算管理开始，强化预算管理是加强会计管理的一个必不可少的环节，各部门要严格执行经过上级确认批准的预算。控制费用首先要制定一套详细的内部费用控制指标制度，将各项费用指标进行分解，具体分摊到事业单位内部各个部门。其次，要加强对收入原始凭证的控制。事业单位的各项收入都应及时存入银行，每一笔具体的收入都要有其相应的原始凭证，时间、金额都要对应，通过对原始凭证的控制来确保收入能够足额入账。加强对结算方式的控制，结算时要尽可能减少经手现金的人员以及现金在外流动的时间，收到的现金要尽可能当天送存银行。资金支付采用转账或公务卡报销，尽量不采用现金结算。事业单位业务人员在需要用款时应提前提出付款申请，并且在申请单上写明支付的方式、金额、用途等内容。审批人应在其权限内对申请的真实性、金额、是否符合预算计划等进行审查，对于符合规定的申请予以批准，不合规定的申请不予批准，并且审批人应对审批结果承担责任，以防止越权审批及不当审批的现象。对于领导批准的申请进入财务人员复核程序的，财务人员要对申请的金额、用途、原始凭证的真实性、有效性、程序正当性等进行全面复核。对于手续不齐全的，应要求申请人补齐手续；对于不合规的申请则应退还领导并要求其纠正批准。最后，出纳人员根据财务人员复核后的申请，按照其金额及支付方式付款。

四是票据、印章的管理。加强与货币资金有关的票据保管和使用，要制定相关的票据管理制度，明确各类票据的领购、保管及使用方法。与支付业务相关的票据应与支付所需印章交由不同人员保管，尤其是支票与财务章不得交由一人保管。一般法人章由出纳保管，财务专用章由主管会计保管，单位的公章则应由单位负责人或授权专人保管。印章的使用要实行使用责任制，在相关负责人签字或盖章之前,要严格履行签字或盖章手续,要设置印章的使用登记簿,签字或盖章之前要履行相关审批手续并登记。

五是授权审批管理。有效的货币资金授权审批制度需要明确以下几个方面的内容:制定的授权审批制度要根据事业单位的具体业务状况量身定制,而不应随意套用其他单位的制度。授权审批权限层次分明,不同级别审批人员的权限及责任要规定清楚。要将普通授权与特别授权、个人授权与集体授权,授权与责任承担等关系处理好。处理个人授权与集体授权的关系时还应注意,既不能出现"一人说了算"的独裁现象,也不能出现"任何人都有否决权"的"全体审批"现象;并且还要防止将财务支出业务分成几部分,实行分块审批的"割据审批"现象;还必须明确货币资金支付业务办理人员的职责,并建立起相应的责任追究制度,每一笔货币资金业务都要按既定的审批流程进行审批,不能出现"先支付后补手续"的现象。

2. 健全银行账户管理机制

应加强对事业单位银行账户的管理,按照相关规定制定操作流程并严格执行,实行严格的账户审批制度。事业单位根据工作需求,提出开立、变更和撤销银行账户的申请,并提供相关材料,经主管单位财务部门审核后,上报同级财政主管业务部门审核,由同级财政国库管理部门办理批复手续。事业单位持财政部门批复,按人民银行有关规定办理开立、变更银行账户手续。合理设置银行账户。事业单位银行账户包括基本存款账户、零余额账户、基本建设账户和其他专用存款账户等。如果发生私设银行账户、随意注销账户的现象,一定要追查相关人员的责任,并采取相应的措施以防止今后此类情况再次发生。加强对银行账户的监督管理。单位应该有专人按规定负责核对银行账户,确保银行账户余额与资产负债表上对应的余额一致,同时要在货币资金管理制度中明确加强银行结算业务管理,并通过单位外部的审计来监督这方面的实施情况。

3. 对货币资金的核查管理

在货币资金从流入到流出的过程中,存在着现金安全性的问题。在实际操作中要加强对现金、原始凭证等的管理,并且按照相关法律规定建立账簿,建立定期检查的制度,定期盘点库存,及时与银行账目核对。只能由出纳负责现金的收支,其他人员一律不得接触现金;库存现金要严格遵守额度限制的规定,要将超出限额的现金及时存进银行;出纳要每天核对现金,并且要定期与会计账本核对；设置专人进行现金的盘点，核对盘点数额与账面数额是否一致，并且要将核对结果及时上报财务部门负责人；收付款业务要及时完整入账。要对所有的原始凭证连续编号；作废的原始凭证不得随意撕毁或丢弃，要做好相应的管理。

要加强对事业单位内部货币资金管理的监管力度，建立货币资金内部稽核制度。在监督检查过程中，一旦发现问题就应采取积极有效的措施，并对内部稽核制度进一步纠正和完善。同时，要对相关岗位及人员的安排情况及授权批准制度的执行情况进行监督检查，不容许出现不相容职务串岗及越权审批行为；对印章及票据的保管状况进行监督检查，不允许出现由一人保管所有印章的现象。在设计内部审计工作制度时，要考虑对货币资金等业务进行监督检查的时间段及相关的处理程序。在监督时间点上不仅要定期检查，还要结合不定期检查，对于监督检查出来的管理可能存在的不足和缺陷，相关监督部门应当进行恰当的记录；对于已经存在的不足进行详细的阐述，并以书面的形式提交给单位领导。

（三）实物资产管理

1. 建立健全实物资产管理体系

事业单位应合理设置实物资产管理岗位，明确管理部门和相关岗位的职责权限，确保实物资产业务的不相容岗位相互分离、监督和制约。

对实物资产实施归口管理，设置资产管理部门，其管理职能包括：根据国家有关国有资产的法律法规和政策要求，结合各事业单位的实际情况，制定本单位内部实物资产管理制度和办法；负责资产的产权登记、资产记录、日常保管、清查盘点、统计分析工作，协调处理资产权属纠纷；提供资产基础信息，配合财务部门和政府采购部门开展政府采购预算、计划编制及审核工作；督促业务部门按照相关管理规定要求使用资产，定期检查资产使用情况，确保资产得到有效利用；在管理权限内办理资产处置事宜；定期与财务部门核对资产信息，确保资产账实相符、完整。

此外，事业单位还要制定严格的授权审批制度，明确授权审批的方式、权限、程序、责任和相关管理措施，划分工作人员的职责范围，提高实物资产的管理效率。

2. 实物资产采购业务管理

建立预算编制、政府采购等部门或岗位之间的沟通协调机制，在编制下一年度预算时各部门共同审核预算申报情况。合理设置政府采购计划的审批权限、程序和责任。经审核的政府采购计划按照相应程序进行审批。将审批后的政府采购计划下达给各使用部门，作为使用部门办理政府采购业务的依据。责任主体为财务部门、资产管理部门。

使用部门应当根据批复的采购预算和计划提出采购申请。业务部门负责人进行复核。责任主体为采购申请部门。资产管理部门对使用部门的采购申请进行审核。审核重点是采购项目是否符合政府采购计划、采购成本是否在预算指标额度内、采购方式是否合规等。对采购进口产品、变更政府采购方式等事项加强审核和审批。责任主体为资产管理部门。

将招标公告、中标公告等信息在政府采购指定媒体上依法公开。非政府采购项目按单位规定的相关流程进行采购。责任主体为资产管理部门和申请部门。

规定质疑答复工作的职责权限和工作流程。在答复中形成的各种文件由采购管理部门进行归档和保管。质疑投诉问题要进行定期梳理报告，发现问题，改进工作。采购回来的资产由资产管理部门组织资产使用部门进行验收和安装，验收人应注意查看实物的型号、类别、品目、数量、单价、总价等是否与原始单据、合同相符，资产质量、参数是否符合招标要求。资产管理部门则应检查招标价格是否与合同付款价格相符，严格按照合同约定组织验收并出具验收证明。建立采购业务工作档案，定期分类统计采购信息。内部通报政府采购预算执行情况、采购业务开展情况。责任主体为资产管理部门。

3. 实物资产验收、日常管理

严格执行资产验收工作，经过验收合格的资产由资产管理部门按照合同所列资产明细清单登记实物账和卡片，并通知财务部门同步进行资产的价值账登记，实物资产账上应详细记录资产的去向、用途、经手人等，明确使用部门和责任人。执行入账审核工作，入账、审核分离、政府采购互相制约。入账工作人员在第一次入账后，在购置发票上加盖已入账红章，防止发生重复入账情况。责任主体为资产管理部门和资产使用部门。

各资产使用部门领用实物资产后，应办理相应的领用、借用、归还等手续，加强对资产的维护、维修，提高资产的使用效率。资产归口管理部门定期对资产的使用情况进行检查，及时将闲置资产在各部门之间进行合理调配。

建立并使用资产信息管理系统对资产进行管理，明确资产使用人在资产管理中的责任，实行统一领导、归口管理、分级负责、责任到人的管理体制；建立资产清查制度，撰写资产清查手册，严格按照资产清查相关规定执行，并要求清查部门出具资产清查报告；及时做好资产统计、报告、分析工作，并进行资产信息的内部公开。责任主体为资产管理部门、资产使用部门和资产管理人。

4. 实物资产处置管理

事业单位明确资产处置的范围、标准、流程和审批权限等。资产处置方式包括出售、出让、转让、置换、报损、报废、捐赠、无偿调拨（划转）等。处置资产的范围包括：闲置资产、低效运转或者超标准配置的资产；因技术原因并经科学论证，确需报废、淘汰的资产；因单位分立、撤销、合并、改制、隶属关系改变等原因发生产权转移的资产；盘亏、呆账及非正常损失的资产；已超过使用年限无法继续使用的资产；依照国家有关规定需要处置的其他资产。

资产使用部门将待报废的资产进行清理后上报给资产管理部门，按照有关程序进行处置。资产管理部门组织技术人员和资产使用部门对拟处置资产进行现场鉴定，对不符合处置要求的，退回资产使用部门进行重新申报；对于仍有利用价值的闲置资产执行闲置调剂流程，对在调剂期内确无其他部门响应的，依规定组织报废回收；资产管理部门与申请部门对报废资产进行现场交接，签订报废报损交接单，存档以便日后对账、查证。对于处置后资产减少的资产使用部门，按照配置标准准许该部门做资产增量预算，同时资产管理部门和财务部门同步做资产实物账和价值账的减少登记。

需按照审批处置权限，经事业单位、主管部门、同级财政部门审核审批同意后办理资产的处置手续。资产处置收益按照规定实行收支两条线，处置收益应及时上缴国库。

（四）无形资产管理

1. 建立健全事业单位内部无形资产管理制度

事业单位内部无形资产管理制度主要包括：无形资产登记制度、无形资产使用管理制度、无形资产处置管理制度、无形资产档案管理制度、无形资产清查和报告制度等。合理设置无形资产管理岗位，明确相关部门和管理岗位的职责权限，建立无形资产业务的不相容岗位相互分离机制；对无形资产业务制定严格的授权审批制度，明确授权批准的方式、权限、程序和相关管理措施，严禁未经授权的部门或个人经办无形资产业务。

2.明确无形资产业务管理流程

具体包括无形资产投资预算编制，自行研发无形资产预算编制，无形资产取得与验收、使用与保管、处置等业务环节的管理要求。及时进行账务处理，确保无形资产业务全过程得到有效管理。

事业单位根据工作需要拟定无形资产投资项目，综合考虑市场因素和单位实际情况，对项目可行性进行分析和论证，编制无形资产投资预算，按规定进行审批，确保无形资产投资的科学合理性。

对于无形资产外购，事业单位应建立请购和审批制度，明确请购部门和审批部门的职责权限和相应业务程序。无形资产采购过程应规范、透明。重大无形资产采购，应采取招标方式进行。

事业单位应执行严格的无形资产验收程序，确保无形资产符合使用要求。对于外购的无形资产，应及时取得无形资产所有权的有效证明文件；对于自行研发的无形资产，应由研发部门、资产管理部门、财务部门、使用部门共同填制验收单，再移交至资产使用部门使用；对于通过投资者投入、接受捐赠等其他方式取得的无形资产，应及时取得相关资产的有效证明文件，办理验收手续。

资产使用部门负责无形资产的日常使用管理，确保无形资产的安全完整。事业单位按照无形资产的性质明确无形资产的保全范围和要求，避免无形资产因各种原因发生损失。同时，事业单位应妥善保管无形资产的各种文字资料，避免无形资产受损、被盗、被毁，对重要资料提前做好备份工作。对技术资料等无形资产的保管和接触应有记录，未经授权，管理人员不得直接接触技术资料等无形资产。此外，事业单位还应该注重定期评估和及时更新无形资产工作，加大自主创新和技术升级投入力度，确保技术处于领先地位。

事业单位明确无形资产处置的程序和审批权限，按照要求办理无形资产处置业务。首先由使用部门提出处置申请，资产管理部门组织人员进行经济和技术鉴定，出具处置呈批单。按照审批权限，由事业单位、主管部门、同级财政部门对处置申请进行审批。

（五）对外投资管理

1. 建立健全对外投资管理制度

事业单位应建立和完善对外投资管理体系，通过科学的投资决策机制、严格的授权审批制度、严密的不相容岗位分离机制、有效的激励约束机制、完善的责任追究机制，加强对外投资的风险防控。从对外投资立项、实施过程、处置、监督等方面形成一整套对外投资管理的闭环机制，防范各类管理风险，实现国有资产的保值增值。具体包括以下内容：投资项目前应进行必要的可行性分析，并按照相关程序严格审批；要督促对外投资企业建立现代企业制度，规范对外投资企业的经营管理；要构建科学合理的绩效评价和激励约束机制；要督促被投资企业完善利润分配机制，确保对外投资收益的实现；要健全对外投资管理监督机制，确保国有资产安全完整；要规范财务核算管理，如实反映对外投资价值。

事业单位应制定对外投资业务的审核审批制度，规范审批人员的授权批准方式、权限、程序、责任及相关管理措施，明确经办人员的职责权限，未经授权的人员不得办理对外投资业务。事业单位应加大对外投资人员的培训力度，通过定期开展培训工作，充分提升对外投资人员的专业技能，构建一支高质量高水平的人才队伍，提高事业单位对外投资的管理水平。

2. 规范对外投资流程管理

明确事业单位对外投资的申报原则，财政部门严格按照事业单位对外投资项目申报原则执行。对外投资必须与其事业发展目标相一致，并与事业单位业务活动相关联，必须建立投资风险制度和防范机制，从而真正达到促进事业发展、降低投资风险的目的，并且根据财政部的有关规定，经事业单位主管部门审核同意后报财政部门审核批准。

3. 明确国有资产用于投资项目的管理要求

不得将财政拨款、非税收入等财政性资金来源用于对外投资；事业单位为履行职责而正常运转使用的实物资产不能用于对外投资；对以实物知识产权、土地使用权等非货币资产对外投资的项目，必须在产权清晰的前提下，由具有资产评估资质的社会中介机构按国家有关规定进行资产评估，并报财政部门核准或备案；对事业单位在证券市场、期货市场等领域实行禁入政策。当前事业单位的对外投资包括债权投资和股权投资，在不违反相关政策的前提下，购买各种有价证券或者以货币资金、实物资产、无形资产的形式进行对外投资。

4.加强对外投资项目的可行性研究

事业单位应进行事前充分调研，严格论证，评价投资项目的经济效益和合理性，从对外投资的必要性、立项依据、资产构成、市场预期、投资回报、投资风险、经济效益、社会效益等多个方面，结合投资产业发展前景进行深入研究，再做出是否实行对外投资的判断决策。

对外投资一般属于事业单位的重大事项，要在专家论证、技术咨询的基础上，由事业单位领导班子集体研究做出决策。决策过程中应做好相应书面记录，明确决策责任。对外投资经过审批同意后，事业单位应制订具体的投资计划，按照计划确定的项目、进度、时间和方式出资。加强对外投资项目的跟踪管理，确保对外投资的保值增值。如果对外投资中出现异常情况，应及时上报主管部门和财政部门，采取有效措施，防止国有资产流失。

事业单位按照对外投资收益分配方案及时收取投资收益，同时将投资收益纳入单位预算，统一核算，统一管理。事业单位不得以任何形式截留、转移、挪用、私分投资收益，也不得隐瞒投资损失，所有的投资事项应当在财务报表中单独披露。明确事业单位对外投资处置管理内容，对外投资处置包括转让、清算和回收等事项，全面分析被投资企业的经营情况、财务状况和市场竞争情况，制定转让或清算方案，经集体决策后，上报主管部门和财政部门审批或备案。

第五节　事业单位负债管理

一、事业单位负债管理概述

负债是指事业单位所承担的能以货币计量，需要以资产或者劳务偿还的债务。

事业单位的负债包括借入款项、应付款项、暂存款项、应缴款项等。应缴款项主要包括事业单位按照国家有关规定收取的应当上缴国库或者财政专户的资金、税费，以及其他应当上缴的款项。

事业单位应当对不同性质的负债分类管理，及时清理并按照规定办理结算，保证各项负债在规定期限内偿还。

事业单位应当建立健全财务风险预警和管理机制，规范和加强借入款项管理，如实反映依法举借债务情况，严格执行审批程序，不得违反规定融资或者提供担保。

二、事业单位负债管理的优化策略

事业单位的负债应当按照不同的性质分别进行管理，及时清理并按规定办理结算，保证各项负债在规定的期限内归还。事业单位负债的管理主要包括以下两个方面：

（一）严格控制负债规模

根据事业单位的业务特点及承担的任务，其资金来源首先是国家财政补助，其次是依法组织的各项事业收入和经营收入。由于事业单位资金短缺问题的客观存在，国家允许事业单位在规定的范围内向有关部门和单位借款开展业务活动。但事业单位毕竟不是生产物质产品的企业单位，目前国家也无事业单位破产的规定。为了防止事业单位借款超过合理额度，经济效益不好时无力偿还各种债务，影响债权人的利益和事业单位各项活动的正常进行，事业单位负债必须控制在一定的范围之内。

（二）按时清理各种债务

对于按规定借入的各种款项，应保证到期还本付息；对于各种应付及预收款项要及时组织清理，做到按时清算，不得长期挂账；对于各种应交款项，应严格按照国家规定及时、足额地上缴，不得无故拖欠、截留或坐支。

第六节　事业单位结转和结余管理

一、事业单位结转结余管理概述

结转和结余是指事业单位年度收入与支出相抵后的余额。结转资金是指当年预算已执行但未完成，或者因故未执行，下一年度需要按照原用途继续使用的资金。结余资金是指当年预算工作目标已完成，或者因故终止而剩余的资金。经营收支结转和结余应当单独反映。

财政拨款结转和结余的管理，应当按照国家有关规定执行。

非财政拨款结转按照规定结转下一年度继续使用。事业单位应当加强非财政拨款结余的管理，盘活存量，统筹安排，合理使用，支出不得超出非财政拨款结余规模。

二、事业单位结转结余管理的策略

（一）细化支出预算编制，加快预算执行进度

1. 进一步细化预算编制

早编、细编项目支出预算，将预算细化到"项"级科目和具体项目，减少预算代编和预留项目，推进编制中期预算，提高预算年初到位率，提高项目预算编制的科学性、准确性。

2. 建立健全预算执行监控制度

建立健全预算执行监控制度，定期对未下达的专项资金进行梳理分析，对

当年确定不能执行的项目按规定程序及时调整预算，将资金调剂用于当年急需的项目和其他有条件实施的项目，尽快形成实际支出，盘活资金存量。

（二）建立定期清理机制，压缩结余结转资金规模

建立财政结余结转资金定期清理机制。事业单位财政部门每年要定期组织清理本级财政结余结转资金，摸清底数、分类处理，切实压缩结余结转资金规模。

（三）深化部门预算管理改革，加强部门结余结转资金管理

1. 加大部门结余结转资金清理力度

事业单位财政部门每年要定期组织清理部门结余结转资金。对部门结余资金，要在编制下一年度部门预算时统筹安排。对部门结转资金（含上级专项转移支付结转资金），要督促加快支出进度，结转两年及以上仍未使用完毕的，一律视同结余资金，收回地方本级财政统筹管理。对常年累计结余结转资金规模较大的部门，在编制下一年度部门预算时，要适当压缩部门财政拨款预算总额。

2. 清理和控制部门暂付款

事业单位财政部门每年要全面清理部门暂付款、应收账款、其他应收款等。严禁部门利用财政拨款资金对外借款，违反法律法规规定的，要按照有关规定，追究相关人员责任。事业单位财政部门要督促部门和单位加强财政拨款资金管理，探索建立部门财政拨款资金管理与预算编制相衔接的激励约束机制，保障财政资金安全和效益。

第七节 事业单位专用基金管理

一、事业单位专用资金管理概述

专用基金,是指事业单位按规定提取或设置的专门用途的资金,亦称"专用资金"。专用基金包括职工福利基金和其他专用基金:① 职工福利基金是指按照非财政拨款结余的一定比例提取以及按照其他规定提取转入,用于单位职工的集体福利设施、集体福利待遇等的资金。② 其他专用基金是指除职工福利基金外,按照有关规定提取或者设置的专用资金。

专用基金的特点:专用基金的提取均有专门规定,即根据一定的比例或数额提取;规定有专门的用途和使用范围,除财务制度规定可以允许合并使用外,一般不得互相占用、挪用。它的使用属一次性消耗,没有循环周转,不可能通过专用基金支出直接取得补偿。

二、事业单位专用基金管理的策略

(一)事业单位专用基金的管理原则

先提后用:各项专用基金必须根据规定的来源渠道,在取得资金以后才能安排使用。

专设账户:各项专用基金应单独设账户进行管理和核算。

专款专用:各种专用基金都要按规定用途和使用范围安排开支,支出不得超出资金规模,保证基金使用合理合法。

（二）事业单位专用基金的管理方法

依据上述原则，对各项专用基金的管理应采用下列方法：

1. 按比例提取

事业单位提取各项专用基金的具体比例，国家有统一规定的，要按照统一规定执行；国家没有统一规定的，要按照财务管理权限，由财政部门和事业主管部门依据相关因素协商确定。

各级财政部门和事业主管部门在确定各项专用基金的提取比例时，必须按照事业单位的特点，遵循一定的要求。例如，职工福利基金的提取比例，要依据单位收支结余数额和经费自给率确定。原则上，经费自给率不同的单位，提取职工福利基金的比例可以有所不同，以利于调动单位增收节支的积极性。同时在确定具体比例时，还要考虑单位收支结余的数额和集体福利的正常开支需要。

2. 按规定支出

事业单位各项专用基金，都规定有专门的用途，在使用中要注意划清各项专用基金的界限。专用基金发生临时占用的，要注意及时清还。

3. 收支有计划

事业单位对各项专用基金，要编制收支计划，收支计划不能打赤字。事业单位要根据专用基金的额度，安排支出项目，量入为出，并应注意专用基金的积累。

（三）事业单位专用基金的管理要求

1. 正确地形成各项专用基金

各项专用基金的形成，应明确和掌握以下环节：① 形成各项专用基金的计算基数，即计提各项专用基金的计算依据。例如，职工福利基金是按照收支结余额计算的。② 形成各项专用基金的计算标准，即计提各项专用基金的比例或定额。例如，职工福利基金是按照一定比例提取的。在计提各项专用基金时应注意，不论是采用定额标准还是采用比例标准提取各项专用基金，均需按照国家规定的标准执行。对于确需调整的定额或比例，应按照财务管理权限的规定，由有关部门做出决定，单位不得自作主张和擅自更改。③ 计提各项专用基金的列支渠道，即在提取各项专用基金时，所发生的支出在会计核算上所使用的会计科目。④各项专用基金的基本内容，即明确各项专用基金的使用范围和用途，进行正确的归集、核算和计提。在管理各项专用基金工作中，必须把握住上述几个环节，以正确地形成各项专用基金。

2.实行计划管理

事业单位对各项专用基金的管理，必须建立计划管理制度。对各项专用基金的收入，要按照其形成渠道和形成规模，合理编制专用基金收入预算；各项专用基金的支出，要根据专用基金收入预算规模，安排支出项目计划。做到收入有预算，支出有计划。在日常管理工作中，必须严格按照专用基金的收支计划和国家有关规定，合理提取各项专用基金，科学安排其支出。

3.要量入为出，节约使用

在安排各项专用基金支出时，必须坚持量入为出的原则，以收定支，不搞"寅吃卯粮"，防止超支、挪用。在资金使用上，应精打细算，厉行节约，力求用较少的钱办较多的事，尽可能提高资金的使用效益。同时，还应注意各项专用基金的积累，以保证相关工作的持续性、稳定性。

4.必须实行专款专用

各项专用基金必须按照国家规定的用途和使用范围安排开支。一方面，要做到不同类别的专用基金不能相互流用、相互挤占；另一方面，还要划清专用基金与其他资金间的界限，以保证各项专用基金使用得合理、合法。

（四）事业单位专用基金的管理策略

事业单位应当将专用基金纳入预算管理，结合实际需要按照规定提取，保持合理规模，提高使用效益。专用基金余额较多的，应当降低提取比例或者暂停提取；确需调整用途的，由主管部门会同本级财政部门确定。各项基金的提取比例和管理办法，国家有统一规定的，按照统一规定执行；没有统一规定的，由主管部门会同本级财政部门确定。

1.职工福利基金的管理

对职工福利基金的管理，应从以下几个方面着手：

（1）职工福利基金的形成

事业单位职工福利基金的形成，是依据国家有关规定，按照收支结余额的一定比例提取的。在提取时，要认真核算单位收支结余额及其扣除项目总额，真实、准确地核算计提职工福利基金的结余额；同时，要严格执行财政部门和事业主管部门规定的提取比例，不得随意提高。

（2）职工福利基金的使用

事业单位职工福利基金的支出范围一般有：① 集体福利设施建设支出；② 对后勤服务部门的补助，如对单位职工浴室、理发室、托儿所、幼儿园等各后勤服务部门发生资金收不抵支的问题时给予的补助；③ 单位职工食堂的补助；④ 单位职工公费医疗支出超支部分按规定由单位负担的费用；⑤ 按照国家规定可由职工福利基金开支的其他支出。在职工福利基金支出管理上，除按照上述规定的支出范围严格各项支出外，还要做到：发扬民主，接受群众监督。由于职工福利基金的支出，直接牵涉单位职工的切身利益，其重大的开支项目、计划安排和支出决算，必须充分发扬民主，接受群众监督。

2. 其他基金的管理

事业单位其他基金主要包括住房基金、职工教育经费、国家工作人员福利费以及其他按有关规定提取设置的基金。其他基金的提取设置，应按照国家有关规定执行。

第四章　事业单位会计核算的方法

第一节　记账方法

记账方法是指运用一定的记账符号、记账规则来编制会计分录和登记账簿的方法。记账方法主要包含借贷记账法、资金收付记账法两种，下面重点介绍借贷记账法。

借贷记账法是以"借""贷"作为记账符号，记录会计要素增减变动情况的一种复式记账方法。

一、借贷记账法的特点

（一）记账符号

在经济业务引起资金变化的账户中，以"借"和"贷"作为记账符号，并以方向相反、金额相等的方式进行复式记账。值得指出的是，"借"和"贷"是会计中的专用术语，代表的只是记账的一种符号，并没有文字本身所表示的意思。

（二）账户设置

通常把账户分为左右两方，分别反映经济业务的增加和减少，其中，左方为借方，右方为贷方。为了适应管理要求和简化核算工作的需要，还可以设置既具有资产性质又具有负债性质的双重账户。例如，"应收账款"账户为资产类账户，"预收账款"账户为负债类账户，如果企业预收账款业务不多，可将二者合并在"应收账款"账户中，这时，"应收账款"账户就是一个双重性质的账户。双重账户的总账余额没有经济意义，既不表示资产数，又不表示负债数。反映资产和负债实有数额的资料，只能从双重账户的各明细分类账户中分析获得。

二、记账符号和账户结构

借贷记账法以"借""贷"作为记账符号。所有账户分为"借方"和"贷方"，用来反映各会计要素的增减变动。"借方"在账户的左方，"贷方"在账户的右方。资产类账户和负债类账户由于登记的事项不同，账户余额的方向也不同。

资产类账户的期初余额在借方，与资产负债表中排列的方向一致；本期增加的记在借方，即同余额相同的方向；本期减少的记在贷方，即同余额相反的方向；期末余额在借方。资产类账户的结构如表4–1所示。

表4–1　资产类账户的结构

借方	贷方
期初余额 ×××（1）	
本期增加额 ×××（2）	本期减少额 ×××（3）
期末余额 ×××（4）	

注：（4）=（1）+（2）–（3）

负债类账户的期初余额在贷方，与在资产负债表中排列的方向一致；本期增加的记在贷方，即同余额相同的方向；本期减少的记在借方，即同余额相反的方向；期末余额在贷方。负债类账户的结构如表4–2所示。

表 4-2　负债类账户的结构

借方	贷方
	期初余额 ×××（1）
本期减少额 ×××（3）	本期增加额 ×××（2）
	期末余额 ×××（4）

注：（4）=（1）+（2）-（3）

在实际工作中还使用一种双重性质的账户，即兼有资产类和负债类性质的账户，通常用于结算往来业务，如在不设"预收账款"账户条件下的"应收账款"账户。对这类账户来说，应收款项增加记在借方，应收款项减少记在贷方；预收款项增加记在贷方，预收款项减少记在借方；期末根据账户余额所在的方向确定其所反映的经济内容。期末余额如在借方，就是应收款项；期末余额如在贷方，就是预收款项。双重性质账户的结构如表 4-3 所示。

表 4-3　双重性质账户的结构

借方	贷方
应收款项期初余额 ×××（1）	预收款项期初余额 ×××（5）
应收款项增加额 ×××（2）	应收款项减少额 ×××（6）
预收款项减少额 ×××（3）	预收款项增加额 ×××（7）
应收款项期末余额 ×××（4）	预收款项期末余额 ×××（8）

注：（4）=（1）+（2）-（3）
　　（8）=（5）+（6）-（7）

三、记账规则

运用"借贷记账法"登记经济业务，首先要根据经济业务的内容，确定其涉及哪些资产类或负债类项目，这些项目是增加的还是减少的，再确定经济业务应记入哪些账户，记入这些账户的借方还是贷方。在事业单位所发生的各种经济业务中，引起资产和负债增减变动的有四种类型，因此，借贷记账法的记账有以下四种情况：①资产增加、资产减少的业务，分别记入资产类账户借方和资产类账户贷方；②负债增加、负债减少的业务，分别记入负债类账户贷方和负债类账户借方；③资产和负债同时增加的业务，分别记入资产类账户借方和负债类账户贷方；④资产和负债同时减少的业务，分别记入资产类账户贷方和负债类账户借方。

因此，借贷记账法的记账规则可概括为"有借必有贷，借贷必相等"。在借贷记账法中，"借"表示资产和支出类账户的增加，负债、净资产和收入类账户的减少或转销；"贷"表示资产和支出类账户的减少或转销，负债、净资产和收入类账户的增加。在确定了借贷方向和会计科目后，在两个或两个以上会计科目登记同一笔经济业务的金额。

四、试算平衡

（一）试算平衡公式

由于每笔会计分录中的借、贷方金额相等，因此，在登录相关账户后，全部账户的本期借方发生额合计数与本期贷方发生额合计数必定相等；依此类推，全部账户的期末借方余额合计数与期末贷方余额合计数也相等。我们可以把以上内容概括成三个等式来表明试算平衡的关系。

1. 会计分录试算平衡公式

借方账户金额 = 贷方账户金额

2. 发生额试算平衡公式

全部账户的本期借方发生额合计数 = 全部账户的本期贷方发生额合计数

3. 余额试算平衡公式

全部账户的期末借方余额合计数 = 全部账户的期末贷方余额合计数

（二）试算平衡表

在会计实务中，一般在月末通过编制试算平衡表来检查试算平衡。事业单位总账科目试算平衡表如表4-4所示。

表4-4　事业单位总账科目试算平衡表

会计科目	期初余额		本期发生额		期末余额	
	借方	贷方	借方	贷方	借方	贷方
现金						
银行存款						

续表

会计科目	期初余额		本期发生额		期末余额	
	借方	贷方	借方	贷方	借方	贷方
应收账款						
材料						
固定资产						
事业支出						
拨出经费						
借入款项						
应付票据						
应付账款						
其他应付款						
事业基金						
专用基金						
合计						

如果试算平衡表的本期发生额和本期余额栏的借贷方金额不相等,则表示账户的记录或计算有错误。但是,如果试算平衡表的本期发生额和本期余额栏的借贷方金额相等,并不能得出账户记录或计算正确的结论。例如,将分录中的借贷方金额由20000写成2000,虽然数字有错误,但由于分录中的借贷方金额仍然相等,所以试算仍然是平衡的;再如分录中的数字没有错误,但是借贷的方向弄错了,也是不能通过试算平衡来发现的。

借贷记账法是一种复式记账法,与其他复式记账法比较具有明显的优点:① 记账规则单一,一项业务有借必有贷,没有同方向的记录,账户对应关系清楚,能够鲜明地表现资金运动的来龙去脉;② 账户不要求固定分类,可以使用资产类和负债类双重性质的账户,账户设置的适应性强,使用也很方便;③ 账户试算平衡通过借贷平衡来实现,因而使用的记账凭证简单清晰,账务记录的汇总和检查十分简便。这种记账方法目前已在我国各个行业中普遍推行。

第二节　会计凭证

会计凭证是记录经济业务，明确经济责任，并据以登记账簿的书面证明。会计凭证分为原始凭证和记账凭证。

一、原始凭证

原始凭证又称"单据"，是在经济业务发生或完成时取得的，用以证明经济业务已经发生或完成的最初书面证明。原始凭证是会计核算的原始资料，是编制记账凭证的依据。

（一）原始凭证的分类

原始凭证的分类方法较多，具体分类内容如表 4-5 所示。

表 4-5　原始凭证的分类方法

分类标准	具体内容
按取得来源分类	自制原始凭证
	外来原始凭证
按填制手续及内容分类	一次凭证
	累计凭证
	汇总凭证
按所起作用分类	通知凭证
	执行凭证
	计算凭证
按经济业务分类	支出凭证
	收款凭证
	往来结算凭证
	银行结算凭证
	缴拨款凭证
	财产物资收付凭证

1.按取得来源分类

原始凭证按取得来源可分为自制原始凭证和外来原始凭证。自制原始凭证是本单位内部发生经济业务时，由本单位内部经办业务的单位或个人填制的凭证，如仓库保管人员填制的入库单、领料部门填制的领料单、出差人员填制的差旅费报销单等。外来原始凭证是与外单位发生经济业务时，从外单位取得的凭证，如购货时取得的发票，出差人员报销的车票、飞机票、住宿费收据等。

2.按填制手续及内容分类

原始凭证按填制手续可分为一次凭证、累计凭证和汇总凭证。一次凭证是指填制手续一次完成，一次记录一项或若干项经济业务的原始凭证。一次凭证是一次有效的凭证，已填制的凭证不能重复使用。外来的原始凭证都是一次凭证，自制原始凭证中的收料单、发货票、银行结算凭证等都是一次凭证。累计凭证是在一定时期内，在一张凭证上连续多次记录不断重复发生的同类经济业务的原始凭证，随时计算累计数及结余数，以便按计划或限额进行控制。制造业的限额领料单是典型的累计凭证。汇总凭证是将一定时期内记录同类经济业务的若干张原始凭证汇总起来编制的原始凭证，如工资结算汇总表、收货汇总表、发出材料汇总表等。

3.按所起作用分类

原始凭证按所起作用可分为通知凭证、执行凭证和计算凭证。通知凭证是对某项经济业务具有通知或指示作用的凭证。对这类凭证的管理，不能同其他原始凭证一样，因为其不能证明经济业务已经完成，如物资订货单、扣款通知等。执行凭证是某项经济业务执行后填制的原始凭证，可以证明经济业务已经完成，如入库单、出库单、各种收据等。计算凭证是某项经济业务完成后填制的原始凭证，可以证明经济业务已经完成，但该凭证上的数字是按照一定的方法计算后形成的，如工资结算汇总表、辅助生产费用分配表、制造费用分配表等。

4.按经济业务分类

事业单位的原始凭证按经济业务可分为以下六类：

（1）支出凭证

支出凭证包括直接用以报销经费的购货发票、领料单、工资单、差旅费报销单等。支出凭证是各单位核算实际支出数的依据。从外单位取得的支出凭证，必须盖有填制单位的公章。自制支出凭证必须有经办单位负责人或指定负责人的签名或盖章,并注明支出的用途和理由。其中,付出款项的凭证要有收款单位和收款人的收款证明,购买实物的凭证要有本单位验收入库的签章。

对一些经常性的支出,如差旅费等,应填制统一格式的报销单,并附上相关原始凭证。对一些原始凭证较多的支出项目,如会议费、体育竞赛费等,可填制"支出报销凭证汇总单",并附上相关的原始凭证。

(2)收款凭证

当单位收到各种收入款项时,都要开给对方收款收据。收款收据是开给交款单位或交款人的书面证明,是单位核算各项收入的依据。收款收据一式三联,第一联为入账依据;第二联为给交款单位或交款人的收据;第三联为存根,定期缴销,不得撕下。收款收据要加盖收款单位公章和经手人印章。收款凭证的格式如图4-1所示。

收款凭证		
收款收据		
收款日期　　年　　月　　日　　编号		
今收到		
交来		
人民币(大写)		
收款单位 (公章)	收款人 (公章)	经手人 (公章)

图4-1　收款凭证的格式

各单位对各种收款收据,要指定专人负责收发、保管和登记。收款收据要逐页、按编号顺序使用。如因填写错误需要作废,应全份保存注销,加盖"作废"戳记,不得撕毁。收据用完后的全部存根,应妥善保存,以备查考。各种专用收据,原则上由主管部门统一印发,并按规定使用。

(3)往来结算凭证

往来结算凭证包括暂付款、暂存款等结算凭证,是单位各项往来款项结算的书面证明。在支付暂付款时，应由借款人出具借据（借款凭证），写明用途，由借款人签章，并由单位负责人或授权人审批签章。收回借款时，使用三联借据的，应退还副联代替收据；不使用三联借据的，应另开收据。某些特定项目的暂存款，如医院预收病人的住院费等，应使用专用的结算凭证；一般性的暂存款，可使用通用的收款收据。

（4）银行结算凭证

如果事业单位通过银行办理转账结算，其结算凭证由开户银行统一印制。事业单位填制"空白收费单据请购单"，并加盖预留银行印鉴。经开户银行核准登记后，交付空白银行结算凭证。常用的银行结算凭证包括现金支票、转账支票、电汇凭证、汇票申请书、进账单等。

（5）缴拨款凭证

缴拨款凭证是单位同主管部门或财政机关发生收入上缴或退回、经费拨入或交还情况的书面证明。

应缴国家的各种预算收入，由单位填具"国库缴款书"上缴国库。应由主管部门集中缴库的，由单位上缴后通过银行汇解。误缴国库的款项，由收入机关填制"收入退还书"退库归还。"国库缴款书"和"收入退还书"由财政部门统一制定。

上级单位对所属会计单位办理各种预算拨款时，应填具银行印制的"付款委托书"或"信汇委托书"，通知银行转账；本单位如缴回经费拨款，则填具"付款委托书"或"信汇委托书"，通过银行将款项从单位存款账户转出。

（6）财产物资收付凭证

财产物资收付凭证是指固定资产、材料等购进、发出的书面证明。固定资产调入、调出，应填制"固定资产调拨单"；购进材料，应填制"收料单"，办理入库手续；发出材料，应填制"发料单"，办理出库手续；材料发出业务较多的单位，可按期汇总编制"发生材料汇总表"，以便进行材料发出的核算。

（二）原始凭证的填制和审核

1. 自制原始凭证

对于不真实、不合法、不合理的自制原始凭证，会计人员有权拒绝接受，不办理会计核算手续；问题严重的，应及时向单位负责人报告。对于填写不符合要求的自制原始凭证，如手续不完整、项目有遗漏、数字计算不准确、文字说明不完整的，则应当予以退回，要求填写人按照规定进行更正、补充。

自制原始凭证如果出现差错也要退回出具部门或经手人，重开或者更正。如果是更正，要在更正处加盖更正者的印章，以明确责任；金额有错误的，应当由出具或者经手人重开，不得在原始凭证上更正。

职工报销凭证具有以下严格的签字要求：① 按规定应该签字的人员必须全部签字，签字必须签全称，不得只签姓。② 签字人签署姓名后，还应当签署签字的日期。③ 领导签字应当明确表明是否同意报销。④ 为便于装订，签字如果签在凭证的正面，应签在右上方；签字如果签在凭证的反面，应签在左上方。⑤ 有多张凭证都需要签字时，要一张一张分别签，不能用复写纸同时签。

根据财政部《会计基础工作规范》（2019 年修订版）第 48 条的规定，职工公出借款凭据，必须附在记账凭证之后。收回借款时，应当另开收据或者退还借据副本，不得退还原借款收据。

自制原始凭证的填制和审核如表 4-6 所示。

表 4-6　自制原始凭证的填制和审核

主要内容	注意事项
填制	凭证的名称
	填制凭证的日期
	经办人员的签名或盖章
	经济业务内容
	数量、单价和金额
审核	是否按国家规定和有关计划使用资金
	是否多计或少计了成本费用，形成了虚假利润
	是否按规定的渠道、标准、比例提取费用或摊销费用
	物资核算是否属实，是否虚报冒领
	费用的发生是否合理

注：不予受理自制原始凭证包括没有经办人员的签名或者盖章的，凭证摘要填写不清楚的，凭证的联次不符的，凭证有涂改的，凭证所列的经济业务不符合开支范围、开支标准的，凭证所列的金额、数量计算不正确的，等等。

2. 外来原始凭证

根据《中华人民共和国会计法》（2017 年修订版）第 14 条的规定，有问题的外来原始凭证应做如下处理：① 对不真实、不合法的原始凭证有权不予接受，并向单位负责人报告；② 对记载不准确、不完整的原始凭证予以退回，并要求填写人按照国家统一的会计制度的规定更正、补充；③ 原始凭证有错误的，应当由出具单位重开或者更正，更正处应当加盖出具单位印章；④ 原始凭证金额有错误的，应当由出具单位重开，不得在原始凭证上更正。

根据财政部《会计基础工作规范》（2019 年修订版）第 55 条的规定，从外单位取得的原始凭证如有遗失，应当取得原开出单位盖有公章的证明，并注明原来凭证的号码、金额和内容等，由经办单位会计机构负责人、会计主管人员和单位领导人批准后，才能代作原始凭证。如果确实无法取得证明的，如火车票、轮船票、飞机票等凭证，由当事人写出详细情况，由经办单位会计机构负责人、会计主管人员和单位领导人批准后，代作原始凭证。

根据财政部《会计基础工作规范》（2019 年修订版）第 48 条的规定，发生销货退回的，除填制退货发票外，还必须有退货验收证明；退款时，必须取得对方的收款收据或者汇款银行的凭证，不得以退货发票代替收据。

根据财政部《会计基础工作规范》（2019 年修订版）第 48 条的规定，经上级有关部门批准的经济业务，应当将批准文件作为原始凭证附件。如果批准文件需要单独归档的，应当在凭证上注明批准机关名称、日期和文件字号。

外来原始凭证的填制和审核如表 4-7 所示。

表 4-7　外来原始凭证的填制和审核

主要内容	注意事项
填制	凭证的名称：外来原始凭证必须有明确的名称，以便于凭证的管理和业务处理
	填制凭证的日期：凭证填制的日期是经济业务发生的日期，便于对经济业务的审查
	填制凭证的单位名称或填制人姓名：填制凭证的单位或个人是经济业务发生的证明人，有利于了解经济业务的来龙去脉
	经办人员的签名或盖章：凭证上的签名或盖章人，是经济业务的直接经办人，签名、盖章可以明确经济责任
	接受凭证的单位名称：证明经济业务是否确实在本单位发生，以便于记账和查账。值得注意的是，单位的名称必须是全称，不得略写

续表

主要内容	注意事项
审核	凭证真实性的审核：凭证是否真实。例如，是否为税务局的统一发票，防止虚假发票；凭证所记载的经济业务是否真实发生；开出发票的单位是否存在；等等
	凭证完整性的审核：审核外来原始凭证所应填写的内容是否全部具备，不得有遗漏
	凭证合规性的审核：审核凭证所记载的经济业务是否符合有关财经法规和会计制度的规定；是否符合开支标准；凭证所填写的文字和金额是否字迹清楚、规范；使用的笔和颜色是否符合要求；等等

注：不予受理外来原始凭证包括未加盖税务局发票监制章、填制凭证单位公章的，未填写填制凭证单位名称或者填制人姓名、没有经办人员的签名或者盖章的，填制单位的名称与所盖的公章不符的，未填写接受凭证的单位名称或者填写的名称与本单位不符的，凭证有涂改的，凭证所列的经济业务不符合开支范围、开支标准的，凭证所列的金额、数量计算不正确的，等等。

二、记账凭证

记账凭证是根据审核无误的原始凭证，按照账务核算要求，分类整理后编制的会计凭证，是确定会计分录、登记账簿报表的依据。事业单位会计的记账凭证的构成要素如图 4-2 所示。

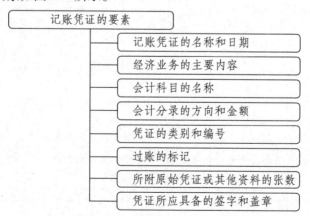

图 4-2　记账凭证的构成要素

（一）记账凭证的种类

1. 通用记账凭证

通用记账凭证是不分收款、付款、转账业务，统一使用一种格式的记账凭证。记账凭证核算程序和科目汇总表核算程序都应选用通用记账凭证。其格式如图 4–3 所示。

记账凭证

总字第　号

字第　号

年　月　日　　附件　张

摘要	科目名称	借方金额	√	贷方金额	√
	总账科目	明细科目			

会计主管　　记账　　复核　　出纳　　制单

图 4–3　记账凭证的格式

2. 专用记账凭证

专用记账凭证是按照经济业务的性质选择使用的记账凭证，通常有收款凭证、付款凭证及转账凭证三种。对现金出纳和银行出纳由不同人担任的单位，收款凭证和付款凭证可进一步细分为现金收款凭证、银行收款凭证、现金付款凭证和银行付款凭证。收款凭证、付款凭证、转账凭证的格式分别如图 4–4、图 4–5、图 4–6 所示。

收款凭证

出纳编号＿＿＿＿＿＿

借方科目：　年　月　日　　　　　　　　　　　　制单编号＿＿＿＿＿＿

对方单位（缴款人）	摘要	贷方科目		金额	记账符号
		总账科目	明细科目		
		合计金额			

会计主管　　　　记账　　　　复核　　　　出纳　　　　制单

图 4-4　收款凭证的格式

付款凭证

出纳编号＿＿＿＿＿＿

贷方科目：　年　月　日　　　　　　　　　　　　制单编号＿＿＿＿＿＿

对方单位（缴款人）	摘要	借方科目		金额	记账符号
		总账科目	明细科目		
		合计金额			

会计主管　　　　记账　　　　复核　　　　出纳　　　　制单

图 4-5　付款凭证的格式

转账凭证

出纳编号_____

年　　月　　日　　　　　　　　　　　　　　　　制单编号_____

对方单位（缴款人）	摘要	借方		贷方		金额	记账符号
		总账科目	明细科目	总账科目	明细科目		
会计主管		记账	复核		出纳		制单

图4-6　转账凭证的格式

（二）记账凭证的编制与审核

记账凭证一般根据每项经济业务的原始凭证编制。当天发生的同类会计事项可以合并编制。不同会计事项的原始凭证，不得合并编制成一张记账凭证，也不得把几天的会计事项加在一起编制成一张记账凭证。

记账凭证必须附有原始凭证。一张原始凭证涉及几张记账凭证的，可以把原始凭证附在一张主要的记账凭证后面，在其他记账凭证上注明附有原始凭证的记账凭证的编号。结账和更正错误的记账凭证，以及总预算会计预拨经费转列支出，可以不附原始凭证，但必须经主管人员签字。

记账凭证必须根据审核无误的原始凭证编制，其各项内容必须填列齐全，各种签名和盖章都不可或缺。总账科目下的明细科目，如需列入记账凭证，可将明细科目的名称和金额同时列在"明细科目名称"栏内。明细科目的金额不能填列在记账凭证的"金额"栏内。填制记账凭证的字迹必须清晰、工整，不得潦草。记账凭证由指定人员复核。记账凭证按照制单的顺序每月编号。月终，连同每个记账凭证后附的原始凭证装订成册，并加盖有关人员的印章及公章，妥善保管。

（三）汇总记账凭证

经济业务较多的单位，可以把每天的记账凭证汇总编制成总账科目汇总表，作为登记总账的依据，总账科目汇总表是一种汇总记账凭证。汇总记账凭证流程：① 根据一定时期内记账凭证中的会计分录、对每一笔总账科目的借方和贷方，分别计算出发生额合计数，填入总账科目汇总表内；② 计算出全部科目的借方和贷方的本期发生额总计数，如果借方和贷方总计金额相等，一般说明记账凭证发生额的汇总没有错误；③ 核对无误以后，可根据每一科目的借方和贷方本期发生额的合计数登记总账科目，并在"总账页数"栏注明，以备查考。

（四）记账凭证的保管

记账凭证应按照填制顺序按月连续编号。月终，将记账凭证连同所附的原始凭证装订成册，加上封面，并在左上角装订处粘贴封签，由有关会计人员加盖骑缝印章，妥善保管。对于不便同记账凭证一起装订的原始凭证，可以抽出单独保管，但应在有关记账凭证上注明抽出原始凭证的名称和数量，并由保管人盖章，抽出的原始凭证年终随有关记账凭证一同归档。

记账凭证的封面和封底是用来装订记账凭证时使用的一种会计档案的整理保管凭证。记账凭证封面应注明单位名称、年份、月份、起止日期、凭证各类、起止号码、册数等。记账凭证封底应注明凭证抽出附件登记。封面和封底的格式如图 4-7、图 4-8 所示。

记账凭证封面	
年　　　　月	
单位名称	
凭证各类	
册　　数	本月共　册，本册是第　册
起止号码	自第　号至第　号止　共计　张
起止日期	自　年　月　日至　年　月　日
会计主管	装订人

图 4-7　记账凭证的封面

记账凭证封底 （抽出附件登记）							
抽出日期			抽出附件详 细名称	抽出理由	抽取人签单	会计主管签单	备注
年	月	日					

图 4-8　记账凭证的封底

第三节　会计账簿

会计账簿是以会计凭证为依据，由具有一定格式、互相联系的账页组成，用来序时、分类地记录和反映各项经济业务的会计簿记。设置和登记账簿是会计核算的中心环节。

一、会计账簿的分类与设置

（一）账簿按用途分类

账簿按其用途可以分为日记账、分类账和备查簿三种。

1. 日记账

日记账又称序时账，是按照经济业务发生时间的先后顺序进行登记的账簿。目前，事业单位仅设置现金日记账和银行存款日记账两种反映特定经济业务的特种日记账，而不设置反映全部经济业务的普通日记账。

（1）现金日记账

现金日记账是核算现金收付结存情况的账簿，又称现金出纳账，通常为三栏式，并设"对方会计科目名称"专栏。现金日记账由出纳人员根据现金收付的原始凭证按照业务发生的先后顺序，逐笔登记。

（2）银行存款日记账

银行存款日记账是核算银行存款收付结存情况的账簿，通常采用三栏式。银行存款日记账由出纳人员根据银行存款收付的原始凭证按业务发生的先后顺序，逐笔登记，并定期与银行对账单进行核对。

2．分类账

分类账是对全部经济业务按照总分类账户和明细分类账户进行分类核算和登记的账簿，分为总分类账和明细分类账。

（1）总分类账

总分类账简称为总账，是指按总分类账户开设账页的会计簿籍。总账是反映资产、负债、净资产、收入和支出会计要素的总括情况，平衡账务，控制和核对各种明细账以及编制预算会计报表的主要依据。总账的格式采用三栏式，如图4-9所示。

总分类账

会计科目：　　　　　　　　　　　　　　　　　　　　　　　　　第　　页

年		凭证号	摘要	借方金额	贷方金额	余额	
月	日					借或贷	金额

图4-9　总账的格式

（2）明细分类账

明细分类账简称为明细账，是根据总分类科目设置，按所属二级科目或明细科目开设账户，用以分类登记某一类经济业务，提供比较详细的核算资料的账簿。明细分类账可以提供经济活动和财务收支的详细情况，有利于加强财产物资的管理，监督往来款项的结算，也为编制会计报表提供必要的资料。因此，各单位在设置总分类账的基础上，要根据经营管理的实际需要，按照一级科目设置必要的明细分类账。明细账根据记账凭证，以及原始凭证或原始凭证汇总表进行登记。明细账的格式一般采用三栏式或多栏式，如图4–10所示。

明细分类账

明细科目：　　　　　　　　　　　　　　　　　　　　第　　页

年		凭证号	摘要	借方	贷方	余额	借（贷）方余额分析
月	日						

图4–10　明细账的格式

事业单位通常要设置下列明细账：

支出明细账是反映具体开支项目的明细账。支出明细账的格式一般采用多栏式，按预算支出的"目"级科目设置账户，按主管部门或财政部门规定的"节"级科目设置专栏。各单位对事业支出、经营支出、专项资金支出、专用基金支出，应按开支用途设置账户，分别设置明细账。

收入明细账是反映具体收入项目的明细账。其格式一般采用多栏式，按主要收入项目或收入单位设置账户，按具体收入项目设置专栏。各单位对事业收入、经营收入、其他收入和专用基金收入，应按主要收入项目设置账户，设置相应的收入明细账。

缴拨款项明细账是反映财政机关与主管单位、主管单位与二级单位及基层单位之间，预算资金的拨入、拨出和专项资金的上缴、下拨情况的明细账。缴拨款项明细账的格式通常采用三栏式。有下属分公司的单位，一般应设置拨出经费和拨出专项款明细账，并按所属单位名称设置账户；也可只设总账，不设明细账。上级单位对于下级单位上缴的资金和下拨的支出，应设置相应的明细账，按下级单位名称设置账户。下级单位对于上缴上级的收入和上级下拨的资金，只设总账，不设明细账。

往来款项明细账是用来反映债权、债务结算情况的明细账。各单位一般应对暂存款、暂付款、合同预收款、合同预付款、借入款、借出款等分别设置往来款项明细账，按往来单位或个人的名称设置账户。往来款项明细账的格式采用三栏式或多栏式。

固定资产明细账是具体核算各种固定资产增减变化和结存情况的明细账。各单位一般按照固定资产的类别和名称分设账户。固定资产明细账的格式一般采用数量金额三栏式，根据原始凭证逐笔登记。

库存材料明细账是具体核算各种材料收、发和结存情况的明细账。各单位一般按照材料的类别和品名分设账户。库存材料明细账的格式一般采用数量金额三栏式，根据原始凭证逐笔登记。

3. 备查簿

备查簿是对某些在日记账和分类账等主要账簿中未记录或记录不全的经济业务进行补充登记的账簿，是一种辅助性账簿，它可以为经营管理者提供必要的参考资料，如应收票据备查簿、租入固定资产备查簿等。备查簿没有固定格式，与其他账簿之间不存在钩稽关系。

（二）账簿按其外表形式分类

1. 订本式账簿

订本式账簿简称为订本账，订本账是在启用前就已经按顺序编号并固定装订成册的账簿，现金日记账、银行存款日记账和总分类账一般采用这种形式。其优点是可以防止账页散失或抽换账页；其缺点是账页固定后，不能确定各账户应该预留多少账页，也不便于会计人员分工记账。

2. 活页式账簿

活页式账簿简称为活页账，活页账是在启用前和使用过程中把账页置于活页账夹内，随时可以取放账页的账簿。活页式账簿适用于一般明细分类账，其优点是可根据实际需要，灵活使用，也便于分工记账；其缺点是账面容易散失和被抽换。为了克服这个缺点，使用活页账时必须按账页顺序编号，期末装订成册，加编目录，并由有关人员盖章后保存。

3.卡片式账簿

卡片式账簿简称为卡片账,卡片账是由许多具有账页格式的硬纸卡片组成,存放在卡片箱中的一种账簿。卡片账大多用于固定资产、存货等实物资产的明细分类核算。其优缺点与活页账基本相同,使用卡片账一般不需要每年更换。

二、会计账簿的使用

会计账簿是政府与非营利组织经济业务的具体记录,因此对其的使用也有严格的要求。

除财政总预算会计中按放款期限设置的财政周转金放款明细账可以跨年度使用之外,其他会计账簿的使用以每一会计年度为限。对于账簿的启用,应该填写"经管人员一览表"和"账簿目录",并将其附于账簿扉页。"经管人员一览表"及其"账簿目录",如图4-11、图4-12所示。

经管人员一览表	
单位名称	
账薄名称	
账薄页数	从第　页起至第　页止共　页
启用日期	年　月　日
会计机构负责人	会计主管人员
经管人员	经管日期移交日期
接办日期	接管日期监交日期

图 4-11　经管人员一览表

账薄目录			
科目编号和名称	页　号	科目编号和名称	页　号

图 4-12　账簿目录

登记会计账簿必须及时准确、日清月结,文字和数字的书写必须清晰整洁。手工记账不得使用铅笔、圆珠笔,必须使用蓝、黑墨水笔,其中,红色墨水只能用于登记收入负数、画线、改错、冲账。

　　会计账簿必须按照编定的页数连续记载，不得隔页、跳行。如因工作疏忽发生跳行、隔页，应当将空行、空白页画线注销，并由记账人员签字盖章。

　　会计账簿应根据经审核的会计凭证登记。记账时，将记账凭证的编号记入账簿内；记账后，在记账凭证上用"√"符号予以标明，表示已入账。

　　会计账簿如填写错误，不得随意更改，应当按照规定的方法采用画线更正法、红字冲正法或补充登记法进行更正。

　　各种账簿记录应该按月结账，计算出本期发生额和期末余额。

三、会计账簿的更正方法

　　由于记账人员的疏忽或其他原因，会计账簿很有可能出现填写错误的现象。在这种情况下，不得采用挖补、涂抹、刮擦或使用修正液等方法来弥补，而必须按照规定的方法更正。

（一）画线更正法

　　画线更正法是在错误的文字或数字正中横画一条红线表示注销，然后将正确的文字或数字用蓝字写在画线的上面，并在更正处加盖记账人员的图章。这种方法适合在结账前发现账簿记的录文字或数字有错误，而记账凭证本身没有错误的情况。

（二）红字更正法

　　红字更正法适用于以下两种情况：一种是记账凭证中的应借、应贷科目或金额有错误，致使账簿记录错误，可用红字更正法予以更正。具体做法是：先用红字填制一张与原错误记账凭证内容完全相同的记账凭证，以冲销原有的错误记录，然后再用蓝字填制一张正确的记账凭证。另一种是记账凭证和账簿中所记金额大于应记金额，而应借、应贷的会计科目无误，也可用红字更正法予以更正。具体做法是：对于多记的金额，用红字填制一张与原记账凭证完全相同的凭证，以冲销多记的金额。

（三）补充登记法

记账后，如果发现记账凭证和账簿中所记金额小于应记金额，而应借、应贷的会计科目并无错误，可用补充登记法。具体做法是，将少记的金额用蓝字填制一张记账凭证，予以补充登记入账。

四、会计账簿的更换与保管

账簿更换是指在会计年度末，将本年旧账更换为下年度新账的做法。

更换新账的方法是：在年终结账时，将需要更换的各账户的年末余额直接转入新启用的有关账户中去，不需要编制记账凭证。

更换新账时，要注明各账户的年份，然后在第一行日期栏内写明"1月1日"，在摘要栏注明"上年结转"，把账户余额写入"余额"栏内，在此基础上登记新年度的会计事项。

账簿在更换新账后除跨年使用的账簿外，其他账簿应按时整理并归入会计档案保管。账簿归入会计档案进行保管的具体要求如表4-8所示。

表4-8　账簿归入会计档案保管的具体要求

归档阶段	具体要求
账簿装订前	首先，按账簿启用表的使用页数核对账户是否相符，账页是否齐全，序号排列是否连续；然后，按会计账簿、账簿启用表、账户目录和排序整理好的账页进行装订
账簿装订	装订活页账簿时，将账页填写齐全，去除空白页和账夹，并加上封底、封面；多栏式活页账、三栏式活页账、数量金额式活页账等应按同类业务、同类账页装订在一起；在装订账页的封面上填写好账簿的各类，编好卷号，由会计主管人员、装订人或经办人签章
账簿装订后	会计账簿应牢固、平整，不得拆角、缺角、错页、掉页、加空白纸张；会计账簿的封口要严密，封口处要加盖印章；封面应齐全、平整，并注明所属年度及账簿名称、编号，编号要一年一编，编号顺序是总账—现金日记账—银行存款日记账—分类明细账；旧账装订完毕后，按规定要求进行保管

第五章　事业单位会计报告

第一节　事业单位会计报告的概述

一、事业单位会计报告的组成

根据政府会计基本准则的要求,各单位应当编制决算报告和财务报告。因此,单位会计报告应由决算报告和财务报告组成。

决算报告是综合反映单位年度预算收支执行结果的文件。其目标是向决算报告使用者提供与单位预算执行情况有关的信息,综合反映单位预算收支的年度执行结果,有助于决算报告使用者对单位预算执行情况进行监督和管理,并为编制后续年度预算计划提供参考和依据。决算报告应当包括决算报表和其他应当在决算报告中反映的相关信息与资料。决算报告使用者包括各级人民代表大会及其常务委员会、各级政府及其有关部门、政府会计主体自身、社会公众和其他利益相关者。

财务报告是反映单位某一特定日期的财务状况和某一会计期间的运行情况与现金流量等信息的文件。其目标是向财务报告使用者提供与单位的财务状况、运行情况（含运行成本，下同）和现金流量等有关信息，反映单位公共受托责任履行情况，有助于财务报告使用者做出决策或对单位财务状况进行监督和管理。财务报告应当包括财务报表和其他应当在财务报告中披露的相关信息与资料。财务报告使用者包括各级人民代表大会及其常务委员会、债权人、各级政府及其有关部门、政府会计主体自身和其他利益相关者。

二、事业单位会计报表的分类与编制要求

（一）事业单位会计报表分类

事业单位会计报表按照性质，可以分为财务报表和预算会计报表。其中财务报表是对单位财务状况、运行情况和现金流量等信息的结构性表述，包括会计报表和附注。预算会计报表是对单位预算收入、预算支出和预算结余情况等信息的表述。

事业单位会计报表按照内容，可以分为资产负债表、收入费用表、净资产变动表、现金流量表、预算收入支出表、预算结转结余变动表和财政拨款预算收入支出表。

事业单位会计报表按照编报时间，可以分为月度报表和年度报表。月度报表简称为月报，是指按照月度编制的会计报表；年度报表简称为年报，是指按照年度编制的会计报表。

事业单位会计报表按照编报层次，可以分为本单位报表和合并报表。本单位报表是反映各预算部门财务状况、运行情况和现金流量，以及预算执行情况和资金活动情况的报表。合并报表是各主管部门对本单位和所属单位的报表进行汇总后编制的报表。按照预算级次，基层会计单位只编制本级会计报表；二级会计单位和主管会计单位在编制本级报表的基础上，再编制合并报表。

事业单位会计报表组成及编制期等详细信息见表5-1。

表 5-1　事业单位会计报表组成及编制期

编号	报表名称	编制期
	财务报表	
会政财 01 表	资产负债表	月度、年度
会政财 02 表	收入费用表	月度、年度
会政财 03 表	净资产变动表	年度
会政财 04 表	现金流量表	年度
	附注	年度
	预算会计报表	
会政预 01 表	预算收入支出表	年度
会政预 02 表	预算结转结余变动表	年度
会政预 03 表	财政拨款预算收入支出表	年度

（二）单位会计报表编制要求

单位应当按照下列规定编制财务报表和预算会计报表，具体如下：① 财务报表的编制主要以权责发生制为基础，以单位财务会计核算生成的数据为准；预算会计报表的编制主要以收付实现制为基础，以单位预算会计核算生成的数据为准。② 财务报表由会计报表及其附注构成。会计报表一般包括资产负债表、收入费用表和净资产变动表。单位可根据实际情况自行选择编制现金流量表。③ 预算会计报表至少包括预算收入支出表、预算结转结余变动表和财政拨款预算收入支出表。④ 单位应当按照年度编制财务报表和预算会计报表。⑤ 单位应当根据制度规定编制真实、完整的财务报表和预算会计报表，不得违反制度规定随意改变财务报表和预算会计报表的编制基础、编制依据、编制原则和方法，不得随意改变制度规定的财务报表和预算会计报表有关数据的会计口径。⑥ 财务报表和预算会计报表应当根据登记完整、核对无误的账簿记录和其他有关资料编制，做到数字真实、计算准确、内容完整、编报及时。⑦ 财务报表和预算会计报表应当由单位负责人和主管会计工作的负责人、会计机构负责人（会计主管人员）签字并盖章。

三、事业单位会计报表编制前的准备工作

由于新的政府会计制度要求单位会计期间至少分为月度和年度，而且资产负债表和收入费用表的编制期主要包括月度和年度，因此会计报表编制前的准

备工作分为月度报表编制前的准备工作和年度报表编制前的准备工作。

（一）月度报表编制前的准备工作

月度报表编制前的准备工作主要是指期末结转，单位在编制月度财务报表前，应对财务会计的收入和费用类账户进行期末结转。

期末结转是指期末将财务会计收入类科目和费用类科目的本期发生额分别转入本期盈余，编制结转分录。结转时，借记收入类科目，贷记"本期盈余"科目；借记"本期盈余"科目，贷记费用类科目。

（二）年度报表编制前的准备工作

年度终了，单位要将日常的会计核算资料归集汇总，为编制年度决算和财务报告做好前期准备工作。准备工作的重要环节就是做好年终清理和结账。

1. 年终清理

单位在年度终了前，应当根据财政部门或主管部门的决算编审工作要求，对各项预算收支账目、往来款项、货币资金和财产物资进行全面的清理结算，并在此基础上办理年度结账，编报决算。

（1）清理核对年度预算资金的预算收支和各项缴拨款项

单位在年度终了前，对财政部门、上级单位和所属单位之间的全部预算数（包括追加、追减和上下划拨数）以及应上缴、下拨的款项等，都应按规定逐笔进行清理和结算，保证上下级之间的年度预算数，领拨经费数和上缴、下拨数保持一致，真实、准确地反映预算资金实际情况，为编制年度决算报告做准备。为了准确反映各项预算收支数额，凡属本年度的应拨、应缴款项，应在12月31日之前汇达对方。实行分级管理、分级核算的单位，对所属二级单位的拨款，应截至12月25日，逾期一般不再下拨。对于实行国库集中支付的单位，应将财政预算数与财政实际下达数进行核对，应按预算数确认本年度的预算收入。

（2）清理核对各项预算收支款项

在年终结账之前，凡属本年度的各项预算收入，均应及时入账。本年度的各项应缴款项，要在年度终了前全部上缴。凡属本年度的各项支出，都应按规定的用途和使用范围，如实列报。单位的年终决算，一律以截至12月31日的实际预算收支为准。

（3）清理结算往来账项

为了真实、准确、合理地反映单位财产的实有数，在年终结账之前，应清理各种往来账项，并结清各种往来账项。应收的款项要如数收回并入账，应付的款项要如数偿付并入账，按规定应转作各项预算收入的账项或应转作各项支出的账项要及时转入有关账户，其目的是将这些预算收支编入本年决算之中。总之，对各种债权债务关系，要及时清理并进行款项的结算。如果有清理不完的往来账项，应分析其具体原因，并在决算报告中予以说明。

（4）清理核对货币资产

单位在年度终了前，要与开户银行核对账目。银行存款账面余额要同银行对账单核对相符；库存现金账面余额要同库存现金实际数核对相符。

（5）清理盘点财产物资

单位在年终结账之前，应对各项财产物资进行实地盘点清查。如发现有盘盈、盘亏的情况，应及时查明原因，按规定做出会计处理，并及时调整账面记录，做到账实相符、账账相符，使年终决算报告能够真实地反映出该单位的财产物资情况。

2. 年终结账

单位在年终清理的基础上进行年终结账。年终结账包括年终转账、结清旧账和记入新账。

（1）年终转账

年终转账主要是财务会计在期末转账的基础上对相应净资产科目的进一步结转，以及预算会计预算收支科目的年终转账。账目核对无误后，首先计算出各账户借方或贷方的 12 月份合计数和全年累计数，结出 12 月末的余额，再将应对冲结转的各预算收支账户的余额按年终转账办法，填制 12 月 31 日的记账凭单办理结账冲转。

（2）结清旧账

将转账后无余额的账户结出全年总累计数，然后在下面画双红线，表示本账户全部结清。对年终有余额的账户，在"全年累计数"下行的"摘要"栏内注明"结转下年"字样，再在下面画双红线，表示年终余额转入新账，旧账结束。

（3）记入新账

根据本年度各账户余额，编制年终决算的"资产负债表"和有关明细表。将表列各账户的年终余额数（不编制记账凭单），直接记入下年度相应的各有关账户，并在"摘要"栏注明"上年结转"字样，以区别下年度发生数。

第二节 事业单位会计报表的编制

一、资产负债表编制说明

表 5-2 资产负债表

会政财 01 表

编制单位：_____   ___年___月___日   单位：元

资产	期末余额	年初余额	负债和净资产	期末余额	年初余额
流动资产：			流动负债：		
货币资金			短期借款		
短期投资			应交增值税		
财政应返还额度			其他应交税费		
应收票据			应缴财政款		
应收账款净额			应付职工薪酬		
预付账款			应付票据		
应收股利			应付账款		
应收利息			应付政府补贴款		
其他应收款净额			应付利息		
存货			预收账款		

资产	期末余额	年初余额	负债和净资产	期末余额	年初余额
待摊费用			其他应付款		
一年内到期的非流动资产			预提费用		
其他流动资产			一年内到期的非流动负债		
流动资产合计			其他流动负债		
非流动资产：			流动负债合计		
长期股权投资			非流动负债：		
长期债券投资			长期借款		
固定资产原值			长期应付款		
减：固定资产累计折旧			预计负债		
固定资产净值			其他非流动负债		
工程物资			非流动负债合计		
在建工程			受托代理负债		
无形资产原值			负债合计		
减：无形资产累计摊销					
无形资产净值					
研发支出					
公共基础设施原值					
减：公共基础设施累计折旧（摊销）					
公共基础设施净值					
政府储备物资					
文物文化资产					
保障性住房原值					
减：保障性住房累计折旧			净资产：		
保障性住房净值			累计盈余		
长期待摊费用			专用基金		
待处理财产损溢			权益法调整		
其他非流动资产			无偿调拨净资产＊		
非流动资产合计			本期盈余＊		

续表

资产	期末余额	年初余额	负债和净资产	期末余额	年初余额
受托代理资产			净资产合计		
资产总计			负债和净资产总计		

注：带"*"的项目为月报项目，年报中不需列示。

（一）编制总述

本表反映事业单位在某一特定日期全部资产、负债和净资产的情况。

本表"年初余额"栏内各项数字应当根据上年年末资产负债表"期末余额"栏内数字填列。

如果本年度资产负债表规定的项目的名称和内容同上年度不一致，应当对上年年末资产负债表项目的名称和数字按照本年度的规定进行调整，将调整后的数字填入本表"年初余额"栏内。

如果本年度事业单位发生了因前期差错更正、会计政策变更等而调整以前年度盈余的事项，还应当对"年初余额"栏中的有关项目金额进行相应调整。

本表中"资产总计"项目期末（年初）余额应当与"负债和净资产总计"项目期末（年初）余额相等。

（二）本表"期末余额"各项目的内容和填列方法

1. 资产类项目

（1）"货币资金"项目

反映事业单位期末库存现金、银行存款、零余额账户用款额度、其他货币资金的合计数。本项目应当根据"库存现金""银行存款""零余额账户用款额度""其他货币资金"科目的期末余额的合计数填列；若事业单位存在通过"库存现金""银行存款"科目核算的受托代理资产，还应当按照合计数扣减"库存现金""银行存款"科目下"受托代理资产"明细科目的期末余额后的金额填列。

（2）"短期投资"项目

反映事业单位期末持有的短期投资账面余额。本项目应当根据"短期投资"

科目的期末余额填列。

（3）"财政应返还额度"项目

反映事业单位期末财政应返还额度的金额。本项目应当根据"财政应返还额度"科目的期末余额填列。

（4）"应收票据"项目

反映事业单位期末持有的应收票据的票面金额。本项目应当根据"应收票据"科目的期末余额填列。

（5）"应收账款净额"项目

反映事业单位期末尚未收回的应收账款减去已计提的坏账准备后的净额。本项目应当根据"应收账款"科目的期末余额减去"坏账准备"科目中对应收账款计提的坏账准备的期末余额后的金额填列。

（6）"预付账款"项目

反映事业单位期末预付给商品或者劳务供应单位的款项。本项目应当根据"预付账款"科目的期末余额填列。

（7）"应收股利"项目

反映事业单位期末因股权投资而应收取的现金股利或应当分得的利润。本项目应当根据"应收股利"科目的期末余额填列。

（8）"应收利息"项目

反映事业单位期末因债券投资等而应收取的利息。事业单位购入的到期一次还本付息的长期债券投资持有期间应收的利息，不包括在本项目内。本项目应当根据"应收利息"科目的期末余额填列。

（9）"其他应收款净额"项目

反映事业单位期末尚未收回的其他应收款减去已计提的坏账准备后的净额。本项目应当根据"其他应收款净额"科目的期末余额减去"坏账准备"科目中对其他应收款计提的坏账准备的期末余额后的金额填列。

（10）"存货"项目

反映事业单位期末存储的存货的实际成本。本项目应当根据"在途物品""库存物品""加工物品"科目的期末余额的合计数填列。

（11）"待摊费用"项目

反映事业单位期末已经支出，但应当由本期和以后各期负担的分摊期在

1年以内（含1年）的各项费用。本项目应当根据"待摊费用"科目的期末余额填列。

（12）"一年内到期的非流动资产"项目

反映事业单位期末非流动资产项目中将在1年内（含1年）到期的金额，如事业单位将在1年内（含1年）到期的长期债券投资金额。本项目应当根据"长期债券投资"等科目的明细科目的期末余额分析填列。

（13）"其他流动资产"项目

反映事业单位期末除本表中上述各项之外的其他流动资产的合计金额。本项目应当根据有关科目期末余额的合计数填列。

（14）"流动资产合计"项目

反映事业单位期末流动资产的合计数。本项目应当根据本表中"货币资金""短期投资""财政应返还额度""应收票据""应收账款净额""预付账款""应收股利""应收利息""其他应收款净额""存货""待摊费用""一年内到期的非流动资产""其他流动资产"项目金额的合计数填列。

（15）"长期股权投资"项目

反映事业单位期末持有的长期股权投资的账面余额。本项目应当根据"长期股权投资"科目的期末余额填列。

（16）"长期债券投资"项目

反映事业单位期末持有的长期债券投资的账面余额。本项目应当根据"长期债券投资"科目的期末余额减去其中将于1年内（含1年）到期的长期债券投资余额后的金额填列。

（17）"固定资产原值"项目

反映事业单位期末固定资产的原值。本项目应当根据"固定资产"科目的期末余额填列。

"固定资产累计折旧"项目，反映事业单位期末固定资产已计提的累计折旧金额。本项目应当根据"固定资产累计折旧"科目的期末余额填列。

"固定资产净值"项目，反映事业单位期末固定资产的账面价值。本项目应当根据"固定资产"科目期末余额减去"固定资产累计折旧"科目期末余额后的金额填列。

（18）"工程物资"项目

反映事业单位期末为在建工程准备的各种物资的实际成本。本项目应当根据"工程物资"科目的期末余额填列。

（19）"在建工程"项目

反映事业单位期末所有的建设项目工程的实际成本。本项目应当根据"在建工程"科目的期末余额填列。

（20）"无形资产原值"项目

反映事业单位期末无形资产的原值。本项目应当根据"无形资产"科目的期末余额填列。

"无形资产累计摊销"项目，反映事业单位期末无形资产已计提的累计摊销金额。本项目应当根据"无形资产累计摊销"科目的期末余额填列。

"无形资产净值"项目，反映事业单位期末无形资产的账面价值。本项目应当根据"无形资产"科目期末余额减去"无形资产累计摊销"科目期末余额后的金额填列。

（21）"研发支出"项目

反映事业单位期末正在进行的无形资产开发项目开发阶段发生的累计支出数。本项目应当根据"研发支出"科目的期末余额填列。

（22）"公共基础设施原值"项目

反映事业单位期末控制的公共基础设施的原值。本项目应当根据"公共基础设施"科目的期末余额填列。

"公共基础设施累计折旧（摊销）"项目，反映事业单位期末控制的公共基础设施已计提的累计折旧和累计摊销金额。本项目应当根据"公共基础设施累计折旧（摊销）"科目的期末余额填列。

"公共基础设施净值"项目，反映事业单位期末控制的公共基础设施的账面价值。本项目应当根据"公共基础设施"科目期末余额减去"公共基础设施累计折旧（摊销）"科目期末余额后的金额填列。

（23）"政府储备物资"项目

反映事业单位期末控制的政府储备物资的实际成本。本项目应当根据"政府储备物资"科目的期末余额填列。

（24）"文物文化资产"项目

反映事业单位期末控制的文物文化资产的成本。本项目应当根据"文物文化资产"科目的期末余额填列。

（25）"保障性住房原值"项目

反映事业单位期末控制的保障性住房的原值。本项目应当根据"保障性住房"科目的期末余额填列。

"保障性住房累计折旧"项目，反映事业单位期末控制的保障性住房已计提的累计折旧金额。本项目应当根据"保障性住房累计折旧"科目的期末余额填列。

"保障性住房净值"项目，反映事业单位期末控制的保障性住房的账面价值。本项目应当根据"保障性住房"科目期末余额减去"保障性住房累计折旧"科目期末余额后的金额填列。

（26）"长期待摊费用"项目

反映事业单位期末已经支出，但应由本期和以后各期负担的，分摊期限在1年以上（不含1年）的各项费用。本项目应当根据"长期待摊费用"科目的期末余额填列。

（27）"待处理财产损溢"项目

反映事业单位期末尚未处理完毕的各种资产的净损失或净溢余。本项目应当根据"待处理财产损溢"科目的期末借方余额填列，如"待处理财产损溢"科目期末为贷方余额，以"-"号填列。

（28）"其他非流动资产"项目

反映事业单位期末除本表中上述各项之外的其他非流动资产的合计数。本项目应当根据有关科目的期末余额合计数填列。

（29）"非流动资产合计"项目

反映事业单位期末非流动资产的合计数。本项目应当根据本表中"长期股权投资""长期债券投资""固定资产净值""工程物资""在建工程""无形资产净值""研发支出""公共基础设施净值""政府储备物资""文物文化资产""保障性住房净值""长期待摊费用""待处理财产损溢""其他非流动资产"项目金额的合计数填列。

（30）"受托代理资产"项目

反映事业单位期末受托代理资产的价值。本项目应当根据"受托代理资产"科目的期末余额与"库存现金""银行存款"科目下"受托代理资产"明细科目的期末余额的合计数填列。

（31）"资产总计"项目

反映事业单位期末资产的合计数。本项目应当根据本表中"流动资产合计""非流动资产合计""受托代理资产"项目金额的合计数填列。

2. 负债类项目

（1）"短期借款"项目

反映事业单位期末短期借款的余额。本项目应当根据"短期借款"科目的期末余额填列。

（2）"应交增值税"项目

反映事业单位期末应缴未缴的增值税税额。本项目应当根据"应交增值税"科目的期末余额填列，如"应交增值税"科目期末为借方余额，以"–"号填列。

（3）"其他应交税费"项目

反映事业单位期末应缴未缴的除增值税以外的税费金额。本项目应当根据"其他应交税费"科目的期末余额填列，如"其他应交税费"科目期末为借方余额，以"–"号填列。

（4）"应缴财政款"项目

反映事业单位期末应当上缴财政但尚未缴纳的款项。本项目应当根据"应缴财政款"科目的期末余额填列。

（5）"应付职工薪酬"项目

反映事业单位期末按有关规定应付给职工及为职工支付的各种薪酬。本项目应当根据"应付职工薪酬"科目的期末余额填列。

（6）"应付票据"项目

反映事业单位期末应付票据的金额。本项目应当根据"应付票据"科目的期末余额填列。

（7）"应付账款"项目

反映事业单位期末应当支付但尚未支付的偿还期限在1年以内（含1年）

的应付账款的金额。本项目应当根据"应付账款"科目的期末余额填列。

（8）"应付政府补贴款"项目

反映负责发放政府补贴的事业单位期末按照规定应当支付给政府补贴接受者的各种政府补贴款余额。本项目应当根据"应付政府补贴款"科目的期末余额填列。

（9）"应付利息"项目

反映事业单位期末按照合同约定应支付的借款利息。事业单位到期一次还本付息的长期借款利息不包括在本项目内。本项目应当根据"应付利息"科目的期末余额填列。

（10）"预收账款"项目

反映事业单位期末预先收取但尚未确认收入和实际结算的款项余额。本项目应当根据"预收账款"科目的期末余额填列。

（11）"其他应付款"项目

反映事业单位期末其他各项偿还期限在1年内（含1年）的应付及暂收款项余额。本项目应当根据"其他应付款"科目的期末余额填列。

（12）"预提费用"项目

反映事业单位期末已预先提取的已经发生但尚未支付的各项费用。本项目应当根据"预提费用"科目的期末余额填列。

（13）"一年内到期的非流动负债"项目

反映事业单位期末将于1年内（含1年）偿还的非流动负债的余额。本项目应当根据"长期应付款""长期借款"等科目的明细科目的期末余额分析填列。

（14）"其他流动负债"项目

反映事业单位期末除本表中上述各项之外的其他流动负债的合计数。本项目应当根据有关科目的期末余额的合计数填列。

（15）"流动负债合计"项目

反映事业单位期末流动负债的合计数。本项目应当根据本表"短期借款""应交增值税""其他应交税费""应缴财政款""应付职工薪酬""应付票据""应付账款""应付政府补贴款""应付利息""预收账款""其他应付款""预提费用""一年内到期的非流动负债""其他流动负债"项目金额的合计数填列。

（16）"长期借款"项目

反映事业单位期末长期借款的余额。本项目应当根据"长期借款"科目的期末余额减去其中将于1年内（含1年）到期的长期借款余额后的金额填列。

（17）"长期应付款"项目

反映事业单位期末长期应付款的余额。本项目应当根据"长期应付款"科目的期末余额减去其中将于1年内（含1年）到期的长期应付款余额后的金额填列。

（18）"预计负债"项目

反映事业单位期末已确认但尚未偿付的预计负债的余额。本项目应当根据"预计负债"科目的期末余额填列。

（19）"其他非流动负债"项目

反映事业单位期末除本表中上述各项之外的其他非流动负债的合计数。本项目应当根据有关科目的期末余额合计数填列。

（20）"非流动负债合计"项目

反映事业单位期末非流动负债合计数。本项目应当根据本表中"长期借款""长期应付款""预计负债""其他非流动负债"项目金额的合计数填列。

（21）"受托代理负债"项目

反映事业单位期末受托代理负债的金额。本项目应当根据"受托代理负债"科目的期末余额填列。

（22）"负债合计"项目

反映事业单位期末负债的合计数。本项目应当根据本表中"流动负债合计""非流动负债合计""受托代理负债"项目金额的合计数填列。

3.净资产类项目

（1）"累计盈余"项目

反映事业单位期末未分配盈余（或未弥补亏损）以及无偿调拨净资产变动的累计数。本项目应当根据"累计盈余"科目的期末余额填列。

（2）"专用基金"项目

反映事业单位期末累计提取或设置的但尚未使用的专用基金余额。本项目应当根据"专用基金"科目的期末余额填列。

（3）"权益法调整"项目

反映事业单位期末在被投资单位除净损益和利润分配以外的所有者权益变动中累积享有的份额。本项目应当根据"权益法调整"科目的期末余额填列，如"权益法调整"科目期末为借方余额，以"－"号填列。

（4）"无偿调拨净资产"项目

反映事业单位本年度截至报告期期末无偿调入的非现金资产价值扣减无偿调出的非现金资产价值后的净值。本项目仅在月度报表中列示，年度报表中不列示。月度报表中本项目应当根据"无偿调拨净资产"科目的期末余额填列，如"无偿调拨净资产"科目期末为借方余额时，以"－"号填列。

（5）"本期盈余"项目

反映事业单位本年度截至报告期期末实现的累计盈余或亏损。本项目仅在月度报表中列示，年度报表中不列示。月度报表中本项目应当根据"本期盈余"科目的期末余额填列，如"本期盈余"科目期末为借方余额时，以"－"号填列。

（6）"净资产合计"项目

反映事业单位期末净资产合计数。本项目应当根据本表中"累计盈余""专用基金""权益法调整""无偿调拨净资产（月度报表）""本期盈余（月度报表）"项目金额的合计数填列。

（7）"负债和净资产总计"项目

应当按照本表中"负债合计""净资产合计"项目金额的合计数填列。

二、收入费用表编制说明

表 5-3　收入费用表

会政财 02 表

编制单位：＿＿＿＿＿＿　　　＿＿年＿＿月　　　　单位：元

项目	本月数	本年累计数
一、本期收入		
（一）财政拨款收入		

续表

项目	本月数	本年累计数
其中：政府性基金收入		
（二）事业收入		
（三）上级补助收入		
（四）附属单位上缴收入		
（五）经营收入		
（六）非同级财政拨款收入		
（七）投资收益		
（八）捐赠收入		
（九）利息收入		
（十）租金收入		
（十一）其他收入		
二、本期费用		
（一）业务活动费用		
（二）单位管理费用		
（三）经营费用		
（四）资产处置费用		
（五）上缴上级费用		
（六）对附属单位补助费用		
（七）所得税费用		
（八）其他费用		
三、本期盈余		

（一）编制总述

本表反映事业单位在某一会计期间发生的收入、费用及当期盈余情况。

本表"本月数"栏反映各项目的本月实际发生数。编制年度收入费用表时，应当将本栏改为"本年数"，反映本年度各项目的实际发生数。

本表"本年累计数"栏反映各项目自年初至报告期期末的累计实际发生数。编制年度收入费用表时，应当将本栏改为"上年数"，反映上年度各项目的实际发生数；"上年数"栏应当根据上年年度收入费用表中"本年数"栏内所列数字填列。

如果本年度收入费用表规定的项目的名称和内容同上年度不一致，应当对上年度收入费用表项目的名称和数字按照本年度的规定进行调整，将调整后的金额填入本年度收入费用表的"上年数"栏内。

如果本年度事业单位发生了因前期差错更正、会计政策变更等调整以前年度盈余的事项，还应当对年度收入费用表中"上年数"栏中的有关项目金额进行相应调整。

（二）本表中"本月数"栏各项目的内容和填列方法

1. 本期收入

"本期收入"项目反映事业单位本期收入总额。本项目应当根据本表中"财政拨款收入""事业收入""上级补助收入""附属单位上缴收入""经营收入""非同级财政拨款收入""投资收益""捐赠收入""利息收入""租金收入""其他收入"项目金额的合计数填列。

（1）"财政拨款收入"项目

反映事业单位本期从同级政府财政部门取得的各类财政拨款。本项目应当根据"财政拨款收入"科目的本期发生额填列。

"政府性基金收入"项目，反映事业单位本期取得的财政拨款收入中属于政府性基金预算拨款的金额。本项目应当根据"财政拨款收入"相关明细科目的本期发生额填列。

（2）"事业收入"项目

反映事业单位本期开展专业业务活动及其辅助活动实现的收入。本项目应当根据"事业收入"科目的本期发生额填列。

（3）"上级补助收入"项目

反映事业单位本期从主管部门和上级单位收到或应收的非财政拨款收入。本项目应当根据"上级补助收入"科目的本期发生额填列。

（4）"附属单位上缴收入"项目

反映事业单位本期收到或应收的事业单位附属独立核算单位按照有关规定上缴的收入。本项目应当根据"附属单位上缴收入"科目的本期发生额填列。

（5）"经营收入"项目

反映事业单位本期在专业业务活动及其辅助活动之外开展非独立核算经营活动实现的收入。本项目应当根据"经营收入"科目的本期发生额填列。

（6）"非同级财政拨款收入"项目

反映事业单位本期从非同级政府财政部门取得的财政拨款，不包括事业单位因开展科研及其辅助活动从非同级财政部门取得的经费拨款。本项目应当根据"非同级财政拨款收入"科目的本期发生额填列。

（7）"投资收益"项目

反映事业单位本期股权投资和债券投资所实现的收益或发生的损失。本项目应当根据"投资收益"科目的本期发生额填列，如为投资净损失，以"-"号填列。

（8）"捐赠收入"项目

反映事业单位本期接受捐赠取得的收入。本项目应当根据"捐赠收入"科目的本期发生额填列。

（9）"利息收入"项目

反映事业单位本期取得的银行存款利息收入。本项目应当根据"利息收入"科目的本期发生额填列。

（10）"租金收入"项目

反映事业单位本期经批准利用国有资产出租取得并按规定纳入本单位预算管理的租金收入。本项目应当根据"租金收入"科目的本期发生额填列。

（11）"其他收入"项目

反映事业单位本期取得的除以上收入项目外的其他收入的总额。本项目应当根据"其他收入"科目的本期发生额填列。

2. 本期费用

"本期费用"项目反映事业单位本期费用总额。本项目应当根据本表中"业务活动费用""单位管理费用""经营费用""资产处置费用""上缴上级费用""对附属单位补助费用""所得税费用"和"其他费用"项目金额的合计数填列。

（1）"业务活动费用"项目

反映事业单位本期为实现其职能目标，依法履职或开展专业业务活动及其辅助活动所发生的各项费用。本项目应当根据"业务活动费用"科目本期发生额填列。

（2）"单位管理费用"项目

反映事业单位本期本级行政及后勤管理部门开展管理活动发生的各项费用，以及由事业单位统一负担的离退休人员经费、工会经费、诉讼费、中介费等。本项目应当根据"单位管理费用"科目的本期发生额填列。

（3）"经营费用"项目

反映事业单位本期在专业业务活动及其辅助活动之外开展非独立核算经营活动发生的各项费用。本项目应当根据"经营费用"科目的本期发生额填列。

（4）"资产处置费用"项目

反映事业单位本期经批准处置资产时转销的资产价值以及在处置过程中发生的相关费用或者处置收入小于处置费用形成的净支出。本项目应当根据"资产处置费用"科目的本期发生额填列。

（5）"上缴上级费用"项目

反映事业单位按照规定上缴上级单位款项发生的费用。本项目应当根据"上缴上级费用"科目的本期发生额填列。

（6）"对附属单位补助费用"项目

反映事业单位用财政拨款收入之外的收入对附属单位补助发生的费用。本项目应当根据"对附属单位补助费用"科目的本期发生额填列。

（7）"所得税费用"项目

反映有企业所得税缴纳义务的事业单位本期计算应交纳的企业所得税。本项目应当根据"所得税费用"科目的本期发生额填列。

（8）"其他费用"项目

反映事业单位本期发生的除以上费用项目以外的其他费用的总额。本项目应当根据"其他费用"科目的本期发生额填列。

3. 本期盈余

"本期盈余"项目反映事业单位本期收入扣除本期费用后的净额。本项目应当根据本表中"本期收入"项目金额减去"本期费用"项目金额后的金额填列，如相减后金额为负数，以"－"号填列。

三、净资产变动表编制说明

表 5-4　净资产变动表

会政财 03 表

编制单位：＿＿＿＿＿　　　　　　＿＿年　　　　　　　　单位：元

项目	本年数				上年数			
	累计盈余	专用基金	权益法调整	净资产合计	累计盈余	专用基金	权益法调整	净资产合计
一、上年年末余额								
二、以前年度盈余调整（减少以"-"号填列）		—				—	—	
三、本年年初余额								
四、本年变动金额（减少以"-"号填列）								
（一）本年盈余		—	—			—	—	
（二）无偿调拨净资产		—				—		
（三）归集调整预算结转结余		—				—		
（四）提取或设置专用基金			—				—	
其中：从预算收入中提取	—		—		—		—	
从预算结余中提取			—				—	
设置的专用基金	—		—		—		—	
（五）使用专用基金			—				—	
（六）权益法调整	—	—			—	—		
五、本年年末余额								

注："—"标识单元格不需填列。

（一）编制总述

本表反映事业单位在某一会计年度内净资产项目的变动情况。

本表"本年数"栏反映本年度各项目的实际变动数。本表"上年数"栏反映上年度各项目的实际变动数，应当根据上年度净资产变动表中"本年数"栏内所列数字填列。

如果上年度净资产变动表规定的项目的名称和内容与本年度不一致，应对上年度净资产变动表项目的名称和数字按照本年度的规定进行调整，将调整后的金额填入本年度净资产变动表"上年数"栏内。

（二）本表中"本年数"栏各项目的内容和填列方法

1．"上年年末余额"行

反映事业单位净资产各项目上年年末的余额。本行各项目应当根据"累计盈余""专用基金""权益法调整"科目上年年末余额填列。

2．"以前年度盈余调整"行

反映事业单位本年度调整以前年度盈余的事项对累计盈余进行调整的金额。本行"累计盈余"项目应当根据本年度"以前年度盈余调整"科目转入"累计盈余"科目的金额填列；如调整减少累计盈余，以"-"号填列。

3．"本年年初余额"行

反映经过以前年度盈余调整后，事业单位净资产各项目的本年年初余额。本行"累计盈余""专用基金""权益法调整"项目应当根据其各自在"上年年末余额"和"以前年度盈余调整"行对应项目金额的合计数填列。

4．"本年变动金额"行

反映事业单位净资产各项目本年变动总金额。本行"累计盈余""专用基金""权益法调整"项目应当根据其各自在"本年盈余""无偿调拨净资产""归集调整预算结转结余""提取或设置专用基金""使用专用基金""权益法调整"行对应项目金额的合计数填列。

5．"本年盈余"行

反映事业单位本年发生的收入、费用对净资产的影响。本行"累计盈余"项目应当根据年末由"本期盈余"科目转入"本年盈余分配"科目的金额填列；

如转入时借记"本年盈余分配"科目，则以"－"号填列。

6."无偿调拨净资产"行

反映事业单位本年无偿调入、调出非现金资产事项对净资产的影响。本行"累计盈余"项目应当根据年末由"无偿调拨净资产"科目转入"累计盈余"科目的金额填列；如转入时借记"累计盈余"科目，则以"－"号填列。

7."归集调整预算结转结余"行

反映事业单位本年财政拨款结转结余资金归集调入、归集上缴或调出，以及非财政拨款结转资金缴回对净资产的影响。本行"累计盈余"项目应当根据"累计盈余"科目明细账记录分析填列；如归集调整减少预算结转结余，则以"－"号填列。

8."提取或设置专用基金"行

反映事业单位本年提取或设置专用基金对净资产的影响。本行"累计盈余"项目应当根据"从预算结余中提取"行"累计盈余"项目的金额填列。本行"专用基金"项目应当根据"从预算收入中提取""从预算结余中提取""设置的专用基金"行"专用基金"项目金额的合计数填列。

"从预算收入中提取"行，反映事业单位本年从预算收入中提取专用基金对净资产的影响。本行"专用基金"项目应当通过对"专用基金"科目明细账记录的分析，根据本年按有关规定从预算收入中提取基金的金额填列。

"从预算结余中提取"行，反映事业单位本年根据有关规定从本年度非财政拨款结余或经营结余中提取专用基金对净资产的影响。本行"累计盈余""专用基金"项目应当通过对"专用基金"科目明细账记录的分析，根据本年按有关规定从本年度非财政拨款结余或经营结余中提取专用基金的金额填列；本行"累计盈余"项目以"－"号填列。

"设置的专用基金"行，反映事业单位本年根据有关规定设置的其他专用基金对净资产的影响。本行"专用基金"项目应当通过对"专用基金"科目明细账记录的分析，根据本年按有关规定设置的其他专用基金的金额填列。

9."使用专用基金"行

反映事业单位本年按规定使用专用基金对净资产的影响。本行"累计盈余""专用基金"项目应当通过对"专用基金"科目明细账记录的分析，根据本年按规定使用专用基金的金额填列；本行"专用基金"项目以"－"号填列。

10."权益法调整"行

反映事业单位本年按照被投资单位除净损益和利润分配以外的所有者权益变动份额而调整长期股权投资账面余额对净资产的影响。本行"权益法调整"项目应当根据"权益法调整"科目本年发生额填列；若本年净发生额为借方时，以"–"号填列。

11."本年年末余额"行

反映事业单位本年各净资产项目的年末余额。本行"累计盈余""专用基金""权益法调整"项目应当根据其各自在"本年年初余额""本年变动金额"行对应项目金额的合计数填列。

12.本表"净资产合计"栏

应当根据各项目所在行"累计盈余""专用基金""权益法调整"项目金额的合计数填列。

四、现金流量表编制说明

表 5–5　现金流量表

会政财 04 表

编制单位：＿＿＿＿＿＿　　　＿＿年　　　　　　　　单位：元

项目	本年金额	上年金额
一、日常活动产生的现金流量：		
财政基本支出拨款收到的现金		
财政非资本性项目拨款收到的现金		
事业活动收到的除财政拨款以外的现金		
收到的其他与日常活动有关的现金		
日常活动的现金流入小计		
购买商品、接受劳务支付的现金		
支付给职工以及为职工支付的现金		
支付的各项税费		
支付的其他与日常活动有关的现金		
日常活动的现金流出小计		

项目	本年 金额	上年 金额
日常活动产生的现金流量净额		
二、投资活动产生的现金流量：		
收回投资收到的现金		
取得投资收益收到的现金		
处置固定资产、无形资产、公共基础设施等收回的现金净额		
收到的其他与投资活动有关的现金		
投资活动的现金流入小计		
购建固定资产、无形资产、公共基础设施等支付的现金		
对外投资支付的现金		
上缴处置固定资产、无形资产、公共基础设施等净收入支付的现金		
支付的其他与投资活动有关的现金		
投资活动的现金流出小计		
投资活动产生的现金流量净额		
三、筹资活动产生的现金流量：		
财政资本性项目拨款收到的现金		
取得借款收到的现金		
收到的其他与筹资活动有关的现金		
筹资活动的现金流入小计		
偿还借款支付的现金		
偿还利息支付的现金		
支付的其他与筹资活动有关的现金		
筹资活动的现金流出小计		
筹资活动产生的现金流量净额		
四、汇率变动对现金的影响额		
五、现金净增加额		

（一）编制总述

本表反映事业单位在某一会计年度内现金流入和流出的信息。

本表所指的现金，是指事业单位的库存现金以及其他可以随时用于支付的款项，包括库存现金、可以随时用于支付的银行存款、其他货币资金、零余额账户用款额度、财政应返还额度，以及通过财政直接支付方式支付的款项。

现金流量表应当按照日常活动、投资活动、筹资活动的现金流量分别反映。本表所指的现金流量，是指现金的流入和流出。

本表"本年金额"栏反映各项目的本年实际发生数。本表"上年金额"栏反映各项目的上年实际发生数，应当根据上年现金流量表中"本年金额"栏内所列数字填列。

事业单位应当采用直接法编制现金流量表。

（二）本表中"本年金额"栏各项目的填列方法

1. 日常活动产生的现金流量

（1）"财政基本支出拨款收到的现金"项目

反映事业单位本年接受财政基本支出拨款取得的现金。本项目应当根据"零余额账户用款额度""财政拨款收入""银行存款"等科目及其所属明细科目的记录分析填列。

（2）"财政非资本性项目拨款收到的现金"项目

反映事业单位本年接受除用于购建固定资产、无形资产、公共基础设施等资本性项目以外的财政项目拨款取得的现金。本项目应当根据"银行存款""零余额账户用款额度""财政拨款收入"等科目及其所属明细科目的记录分析填列。

（3）"事业活动收到的除财政拨款以外的现金"项目

反映事业单位本年开展专业业务活动及其辅助活动取得的除财政拨款以外的现金。本项目应当根据"库存现金""银行存款""其他货币资金""应收账款""应收票据""预收账款""事业收入"等科目及其所属明细科目的记录分析填列。

（4）"收到的其他与日常活动有关的现金"项目

反映事业单位本年收到的除以上项目之外的与日常活动有关的现金。本项目应当根据"库存现金""银行存款""其他货币资金""上级补助收入""附属单位上缴收入""经营收入""非同级财政拨款收入""捐赠收入""利息收入""租金收入""其他收入"等科目及其所属明细科目的记录分析填列。

（5）"日常活动的现金流入小计"项目

反映事业单位本年日常活动产生的现金流入的合计数。本项目应当根据本表中"财政基本支出拨款收到的现金""财政非资本性项目拨款收到的现金""事业活动收到的除财政拨款以外的现金""收到的其他与日常活动有关的现金"项目金额的合计数填列。

（6）"购买商品、接受劳务支付的现金"项目

反映事业单位本年在日常活动中用于购买商品、接受劳务支付的现金。本项目应当根据"库存现金""银行存款""财政拨款收入""零余额账户用款额度""预付账款""在途物品""库存物品""应付账款""应付票据""业务活动费用""单位管理费用""经营费用"等科目及其所属明细科目的记录分析填列。

（7）"支付给职工以及为职工支付的现金"项目

反映事业单位本年支付给职工以及为职工支付的现金。本项目应当根据"库存现金""银行存款""零余额账户用款额度""财政拨款收入""应付职工薪酬""业务活动费用""单位管理费用""经营费用"等科目及其所属明细科目的记录分析填列。

（8）"支付的各项税费"项目

反映事业单位本年用于缴纳日常活动相关税费而支付的现金。本项目应当根据"库存现金""银行存款""零余额账户用款额度""应交增值税""其他应交税费""业务活动费用""单位管理费用""经营费用""所得税费用"等科目及其所属明细科目的记录分析填列。

（9）"支付的其他与日常活动有关的现金"项目

反映事业单位本年支付的除上述项目之外与日常活动有关的现金。本项目应当根据"库存现金""银行存款""零余额账户用款额度""财政拨款收入""其他应付款""业务活动费用""单位管理费用""经营费用""其他费用"等科目及其所属明细科目的记录分析填列。

（10）"日常活动的现金流出小计"项目

反映事业单位本年日常活动产生的现金流出的合计数。本项目应当根据本表中"购买商品、接受劳务支付的现金""支付给职工以及为职工支付的现金""支付的各项税费""支付的其他与日常活动有关的现金"项目金额的合计数填列。

（11）"日常活动产生的现金流量净额"项目

应当按照本表中"日常活动的现金流入小计"项目金额减去"日常活动

的现金流出小计"项目金额后的金额填列，如相减后金额为负数，以"－"号填列。

2. 投资活动产生的现金流量

（1）"收回投资收到的现金"项目

反映事业单位本年出售、转让或者收回投资收到的现金。本项目应该根据"库存现金""银行存款""短期投资""长期股权投资""长期债券投资"等科目的记录分析填列。

（2）"取得投资收益收到的现金"项目

反映事业单位本年因对外投资而收到被投资单位分配的股利或利润，以及因投资而取得的利息。本项目应当根据"库存现金""银行存款""应收股利""应收利息""投资收益"等科目的记录分析填列。

（3）"处置固定资产、无形资产、公共基础设施等收回的现金净额"项目

反映事业单位本年处置固定资产、无形资产、公共基础设施等非流动资产所取得的现金，减去为处置这些资产而支付的有关费用之后的净额。由于自然灾害所造成的固定资产等长期资产损失而收到的保险赔款收入，也在本项目反映。本项目应当根据"库存现金""银行存款""待处理财产损溢"等科目的记录分析填列。

（4）"收到的其他与投资活动有关的现金"项目

反映事业单位本年收到的除上述项目之外与投资活动有关的现金。对于金额较大的现金流入，应当单列项目反映。本项目应当根据"库存现金""银行存款"等有关科目的记录分析填列。

（5）"投资活动的现金流入小计"项目

反映事业单位本年投资活动产生的现金流入的合计数。本项目应当根据本表中"收回投资收到的现金""取得投资收益收到的现金""处置固定资产、无形资产、公共基础设施等收回的现金净额""收到的其他与投资活动有关的现金"项目金额的合计数填列。

（6）"购建固定资产、无形资产、公共基础设施等支付的现金"项目

反映事业单位本年购买和建造固定资产、无形资产、公共基础设施等非流动资产所支付的现金；融资租入固定资产支付的租赁费不在本项目反映，在筹资活动的现金流量中反映。本项目应当根据"库存现金""银行存款""固定资

产""工程物资""在建工程""无形资产""研发支出""公共基础设施""保障性住房"等科目的记录分析填列。

（7）"对外投资支付的现金"项目

反映事业单位本年为取得短期投资、长期股权投资、长期债券投资而支付的现金。本项目应当根据"库存现金""银行存款""短期投资""长期股权投资""长期债券投资"等科目的记录分析填列。

（8）"上缴处置固定资产、无形资产、公共基础设施等净收入支付的现金"项目

反映事业单位本年将处置固定资产、无形资产、公共基础设施等非流动资产所收回的现金净额予以上缴财政所支付的现金。本项目应当根据"库存现金""银行存款""应缴财政款"等科目的记录分析填列。

（9）"支付的其他与投资活动有关的现金"项目

反映事业单位本年支付的除上述项目之外与投资活动有关的现金。对于金额较大的现金流出，应当单列项目反映。本项目应当根据"库存现金""银行存款"等有关科目的记录分析填列。

（10）"投资活动的现金流出小计"项目

反映事业单位本年投资活动产生的现金流出的合计数。本项目应当根据本表中"购建固定资产、无形资产、公共基础设施等支付的现金""对外投资支付的现金""上缴处置固定资产、无形资产、公共基础设施等净收入支付的现金""支付的其他与投资活动有关的现金"项目金额的合计数填列。

（11）"投资活动产生的现金流量净额"项目

应当按照本表中"投资活动的现金流入小计"项目金额减去"投资活动的现金流出小计"项目金额后的金额填列，如相减后金额为负数，以"-"号填列。

3. 筹资活动产生的现金流量

（1）"财政资本性项目拨款收到的现金"项目

反映事业单位本年接受用于购建固定资产、无形资产、公共基础设施等资本性项目的财政项目拨款取得的现金。本项目应当根据"银行存款""零余额账户用款额度""财政拨款收入"等科目及其所属明细科目的记录分析填列。

（2）"取得借款收到的现金"项目

反映事业单位本年举借短期、长期借款所收到的现金。本项目应当根据"库存现金""银行存款""短期借款""长期借款"等科目记录分析填列。

（3）"收到的其他与筹资活动有关的现金"项目

反映事业单位本年收到的除上述项目之外与筹资活动有关的现金。对于金额较大的现金流入，应当单列项目反映。本项目应当根据"库存现金""银行存款"等有关科目的记录分析填列。

（4）"筹资活动的现金流入小计"项目

反映事业单位本年筹资活动产生的现金流入的合计数。本项目应当根据本表中"财政资本性项目拨款收到的现金""取得借款收到的现金""收到的其他与筹资活动有关的现金"项目金额的合计数填列。

（5）"偿还借款支付的现金"项目

反映事业单位本年偿还借款本金所支付的现金。本项目应当根据"库存现金""银行存款""短期借款""长期借款"等科目的记录分析填列。

（6）"偿付利息支付的现金"项目

反映事业单位本年支付的借款利息等。本项目应当根据"库存现金""银行存款""应付利息""长期借款"等科目的记录分析填列。

（7）"支付的其他与筹资活动有关的现金"项目

反映事业单位本年支付的除上述项目之外与筹资活动有关的现金，如支付融资租入固定资产的租赁费。本项目应当根据"库存现金""银行存款""长期应付款"等科目的记录分析填列。

（8）"筹资活动的现金流出小计"项目

反映事业单位本年筹资活动产生的现金流出的合计数。本项目应当根据本表中"偿还借款支付的现金""偿付利息支付的现金""支付的其他与筹资活动有关的现金"项目金额的合计数填列。

（9）"筹资活动产生的现金流量净额"项目

应当按照本表中"筹资活动的现金流入小计"项目金额减去"筹资活动的现金流出小计"金额后的金额填列，如相减后金额为负数，以"-"号填列。

4."汇率变动对现金的影响额"项目

反映事业单位本年外币现金流量折算为人民币时，所采用的现金流量发生日的汇率折算的人民币金额与外币现金流量净额按期末汇率折算的人民币金额之间的差额。

5."现金净增加额"项目

反映事业单位本年现金变动的净额。本项目应当根据本表中"日常活动产生的现金流量净额""投资活动产生的现金流量净额""筹资活动产生的现金流量净额"和"汇率变动对现金的影响额"项目金额的合计数填列，如为负数，以"-"号填列。

五、预算收入支出表编制说明

表 5-6 预算收入支出表

会政预 01 表

编制单位：_____   ___年   单位：元

项目	本年数	上年数
一、本年预算收入		
（一）财政拨款预算收入		
其中：政府性基金收入		
（二）事业预算收入		
（三）上级补助预算收入		
（四）附属单位上缴预算收入		
（五）经营预算收入		
（六）债务预算收入		
（七）非同级财政拨款预算收入		
（八）投资预算收益		
（九）其他预算收入		
其中：利息预算收入		
捐赠预算收入		
租金预算收入		
二、本年预算支出		
（一）行政支出		

续表

项目	本年数	上年数
（二）事业支出		
（三）经营支出		
（四）上缴上级支出		
（五）对附属单位补助支出		
（六）投资支出		
（七）债务还本支出		
（八）其他支出		
其中：利息支出		
捐赠支出		
三、本年预算收支差额		

（一）编制总述

本表反映事业单位在某一会计年度内各项预算收入、预算支出和预算收支差额的情况。

本表"本年数"栏反映各项目的本年实际发生数。本表"上年数"栏反映各项目上年度的实际发生数，应当根据上年度预算收入支出表中"本年数"栏内所列数字填列。

如果本年度预算收入支出表规定的项目的名称和内容同上年度不一致，应当对上年度预算收入支出表中项目的名称和数字按照本年度的规定进行调整，将调整后金额填入本年度预算收入支出表的"上年数"栏。

（二）本表中"本年数"栏各项目的内容和填列方法

1. 本年预算收入

"本年预算收入"项目反映事业单位本年预算收入总额。本项目应当根据本表中"财政拨款预算收入""事业预算收入""上级补助预算收入""附属单位上缴预算收入""经营预算收入""债务预算收入""非同级财政拨款预算收入""投资预算收益""其他预算收入"项目金额的合计数填列。

（1）"财政拨款预算收入"项目

反映事业单位本年从同级政府财政部门取得的各类财政拨款。本项目应当根据"财政拨款预算收入"科目的本年发生额填列。

"政府性基金收入"项目，反映事业单位本年取得的财政拨款收入中属于政府性基金预算拨款的金额。本项目应当根据"财政拨款预算收入"相关明细科目的本年发生额填列。

（2）"事业预算收入"项目

反映事业单位本年开展专业业务活动及其辅助活动取得的预算收入。本项目应当根据"事业预算收入"科目的本年发生额填列。

（3）"上级补助预算收入"项目

反映事业单位本年从主管部门和上级单位取得的非财政补助预算收入。本项目应当根据"上级补助预算收入"科目的本年发生额填列。

（4）"附属单位上缴预算收入"项目

反映事业单位本年收到的事业单位附属独立核算单位按照有关规定上缴的预算收入。本项目应当根据"附属单位上缴预算收入"科目的本年发生额填列。

（5）"经营预算收入"项目

反映事业单位本年在专业业务活动及其辅助活动之外开展非独立核算经营活动取得的预算收入。本项目应当根据"经营预算收入"科目的本年发生额填列。

（6）"债务预算收入"项目

反映事业单位本年按照规定从金融机构等借入的、纳入部门预算管理的债务预算收入。本项目应当根据"债务预算收入"的本年发生额填列。

（7）"非同级财政拨款预算收入"项目

反映事业单位本年从非同级政府财政部门取得的财政拨款。本项目应当根据"非同级财政拨款预算收入"科目的本年发生额填列。

（8）"投资预算收益"项目

反映事业单位本年取得的按规定纳入单位预算管理的投资收益。本项目应当根据"投资预算收益"科目的本年发生额填列。

（9）"其他预算收入"项目

反映事业单位本年取得的除上述收入以外的纳入单位预算管理的各项预算收入。本项目应当根据"其他预算收入"科目的本年发生额填列。

"利息预算收入"项目，反映事业单位本年取得的利息预算收入。本项目应当根据"其他预算收入"科目的明细记录分析填列。事业单位单设"利息预算收入"科目的，应当根据"利息预算收入"科目的本年发生额填列。

"捐赠预算收入"项目，反映事业单位本年取得的捐赠预算收入。本项目应当根据"其他预算收入"科目明细账记录分析填列。事业单位单设"捐赠预算收入"科目的，应当根据"捐赠预算收入"科目的本年发生额填列。

"租金预算收入"项目，反映事业单位本年取得的租金预算收入。本项目应当根据"其他预算收入"科目明细账记录分析填列。事业单位单设"租金预算收入"科目的，应当根据"租金预算收入"科目的本年发生额填列。

2. 本年预算支出

"本年预算支出"项目反映事业单位本年预算支出总额。本项目应当根据本表中"行政支出""事业支出""经营支出""上缴上级支出""对附属单位补助支出""投资支出""债务还本支出"和"其他支出"项目金额的合计数填列。

（1）"行政支出"项目

反映事业单位本年履行职责实际发生的支出。本项目应当根据"行政支出"科目的本年发生额填列。

（2）"事业支出"项目

反映事业单位本年开展专业业务活动及其辅助活动发生的支出。本项目应当根据"事业支出"科目的本年发生额填列。

（3）"经营支出"项目

反映事业单位本年在专业业务活动及其辅助活动之外开展非独立核算经营活动发生的支出。本项目应当根据"经营支出"科目的本年发生额填列。

（4）"上缴上级支出"项目

反映事业单位本年按照财政部门和主管部门的规定上缴上级单位的支出。本项目应当根据"上缴上级支出"科目的本年发生额填列。

（5）"对附属单位补助支出"项目

反映事业单位本年用财政拨款收入之外的收入对附属单位补助发生的支

出。本项目应当根据"对附属单位补助支出"科目的本年发生额填列。

（6）"投资支出"项目

反映事业单位本年以货币资金对外投资发生的支出。本项目应当根据"投资支出"科目的本年发生额填列。

（7）"债务还本支出"项目

反映事业单位本年偿还自身承担的且纳入预算管理的，从金融机构举借的债务本金的支出。本项目应当根据"债务还本支出"科目的本年发生额填列。

（8）"其他支出"项目

反映事业单位本年除以上支出以外的各项支出。本项目应当根据"其他支出"科目的本年发生额填列。

"利息支出"项目，反映事业单位本年发生的利息支出。本项目应当根据"其他支出"科目明细账记录分析填列。事业单位单设"利息支出"科目的，应当根据"利息支出"科目的本年发生额填列。

"捐赠支出"项目，反映事业单位本年发生的捐赠支出。本项目应当根据"其他支出"科目明细账记录分析填列。事业单位单设"捐赠支出"科目的，应当根据"捐赠支出"科目的本年发生额填列。

3. 本年预算收支差额

"本年预算收支差额"项目反映事业单位本年各项预算收支相抵后的差额。本项目应当根据本表中"本期预算收入"项目金额减去"本期预算支出"项目金额后的金额填列，如相减后金额为负数，以"-"号填列。

六、预算结转结余变动表编制说明

表 5-7　预算结转结余变动表

会政预 02 表

编制单位：＿＿＿＿＿＿＿＿＿＿　　＿＿＿年　　　　　　　　　　　单位：元

项目	本年数	上年数
一、年初预算结转结余		
（一）财政拨款结转结余		

续表

项目	本年数	上年数
（二）其他资金结转结余		
二、年初余额调整（减少以"–"号填列）		
（一）财政拨款结转结余		
（二）其他资金结转结余		
三、本年变动金额（减少以"–"号填列）		
（一）财政拨款结转结余		
1.本年收支差额		
2.归集调入		
3.归集上缴或调出		
（二）其他资金结转结余		
1.本年收支差额		
2.缴回资金		
3.使用专用结余		
4.支付所得税		
四、年末预算结转结余		
（一）财政拨款结转结余		
1.财政拨款结转		
2.财政拨款结余		
（二）其他资金结转结余		
1.非财政拨款结转		
2.非财政拨款结余		
3.专用结余		
4.经营结余（如有余额，以"–"号填列）		

（一）编制总述

本表反映事业单位在某一会计年度内预算结转结余的变动情况。

本表"本年数"栏反映各项目的本年实际发生数。本表"上年数"栏反映各项目的上年实际发生数，应当根据上年度预算结转结余变动表中"本年数"栏内所列数字填列。

如果本年度预算结转结余变动表规定的项目的名称和内容同上年度不一致，应当对上年度预算结转结余变动表中项目的名称和数字按照本年度的规定进行调整，将调整后的金额填入本年度预算结转结余变动表的"上年数"栏。

本表中"年末预算结转结余"项目金额等于"年初预算结转结余""年初余额调整""本年变动金额"三个项目的合计数。

（二）本表中"本年数"栏各项目的内容和填列方法

1."年初预算结转结余"项目

反映事业单位本年预算结转结余的年初余额。本项目应当根据本项目下"财政拨款结转结余""其他资金结转结余"项目金额的合计数填列。

（1）"财政拨款结转结余"项目

反映事业单位本年财政拨款结转结余资金的年初余额。本项目应当根据"财政拨款结转""财政拨款结余"科目本年年初余额合计数填列。

（2）"其他资金结转结余"项目

反映事业单位本年其他资金结转结余的年初余额。本项目应当根据"非财政拨款结转""非财政拨款结余""专用结余""经营结余"科目本年年初余额的合计数填列。

2."年初余额调整"项目

反映事业单位本年预算结转结余年初余额调整的金额。本项目应当根据本项目下"财政拨款结转结余""其他资金结转结余"项目金额的合计数填列。

（1）"财政拨款结转结余"项目

反映事业单位本年财政拨款结转结余资金的年初余额调整金额。本项目应当根据"财政拨款结转""财政拨款结余"科目下"年初余额调整"明细科目的本年发生额的合计数填列，如调整减少年初财政拨款结转结余，以"-"号填列。

（2）"其他资金结转结余"项目

反映事业单位本年其他资金结转结余的年初余额调整金额。本项目应当根据"非财政拨款结转""非财政拨款结余"科目下"年初余额调整"明细科目的本年发生额的合计数填列，如调整减少年初其他资金结转结余，以"－"号填列。

3. "本年变动金额"项目

反映事业单位本年预算结转结余变动的金额。本项目应当根据本项目下"财政拨款结转结余""其他资金结转结余"项目金额的合计数填列。

（1）"财政拨款结转结余"项目

反映事业单位本年财政拨款结转结余资金的变动。本项目应当根据本项目下"本年收支差额""归集调入""归集上缴或调出"项目金额的合计数填列。

"本年收支差额"项目，反映事业单位本年财政拨款资金收支相抵后的差额。本项目应当根据"财政拨款结转"科目下"本年收支结转"明细科目本年转入的预算收入与预算支出的差额填列，差额为负数的，以"－"号填列。

"归集调入"项目，反映事业单位本年按照规定从其他单位归集调入的财政拨款结转资金。本项目应当根据"财政拨款结转"科目下"归集调入"明细科目的本年发生额填列。

"归集上缴或调出"项目，反映事业单位本年按照规定上缴的财政拨款结转结余资金及按照规定向其他单位调出的财政拨款结转资金。本项目应当根据"财政拨款结转""财政拨款结余"科目下"归集上缴"明细科目，以及"财政拨款结转"科目下"归集调出"明细科目本年发生额的合计数填列，以"－"号填列。

（2）"其他资金结转结余"项目

反映事业单位本年其他资金结转结余的变动。本项目应当根据本项目下"本年收支差额""缴回资金""使用专用结余""支付所得税"项目金额的合计数填列。

"本年收支差额"项目，反映事业单位本年除财政拨款外的其他资金收支相抵后的差额。本项目应当根据"非财政拨款结转"科目下"本年收支结转"明细科目、"其他结余"科目、"经营结余"科目本年转入的预算收入与预算支出的差额的合计数填列，如为负数，以"–"号填列。

"缴回资金"项目，反映事业单位本年按照规定缴回的非财政拨款结转资金。本项目应当根据"非财政拨款结转"科目下"缴回资金"明细科目本年发生额的合计数填列，以"–"号填列。

"使用专用结余"项目，反映本年事业单位根据规定使用从非财政拨款结余或经营结余中提取的专用基金的金额。本项目应当根据"专用结余"科目明细账中本年使用专用结余业务的发生额填列，以"–"号填列。

"支付所得税"项目，反映有企业所得税缴纳义务的事业单位本年实际缴纳的企业所得税金额。本项目应当根据"非财政拨款结余"明细账中本年实际缴纳企业所得税业务的发生额填列，以"–"号填列。

4．"年末预算结转结余"项目

反映事业单位本年预算结转结余的年末余额。本项目应当根据本项目下"财政拨款结转结余""其他资金结转结余"项目金额的合计数填列。

（1）"财政拨款结转结余"项目

反映事业单位本年财政拨款结转结余的年末余额。本项目应当根据本项目下"财政拨款结转""财政拨款结余"项目金额的合计数填列。

本项目下"财政拨款结转""财政拨款结余"项目，应当分别根据"财政拨款结转""财政拨款结余"科目的本年年末余额填列。

（2）"其他资金结转结余"项目

反映事业单位本年其他资金结转结余的年末余额。本项目应当根据本项目下"非财政拨款结转""非财政拨款结余""专用结余""经营结余"项目金额的合计数填列。

本项目下"非财政拨款结转""非财政拨款结余""专用结余""经营结余"项目，应当分别根据"非财政拨款结转""非财政拨款结余""专用结余""经营结余"科目的本年年末余额填列。

七、财政拨款预算收入支出表编制说明

表 5-8　财政拨款预算收入支出表

会政预 03 表

编制单位：＿＿＿＿＿＿＿＿　　　　　　　＿＿＿年　　　　　　　单位：元

项目	年初财政拨款结转结余		调整年初财政拨款结转结余	本年归集调入	本年归集上缴或调出	单位内部调剂		本年财政拨款收入	本年财政拨款支出	年末财政拨款结转结余	
	结转	结余				结转	结余			结转	结余
一、一般公共预算财政拨款											
（一）基本支出											
1.人员经费											
2.日常公用经费											
（二）项目支出											
1.×× 项目											
2.×× 项目											
……											
二、政府性基金预算财政拨款											
（一）基本支出											
1.人员经费											
2.日常公用经费											
（二）项目支出											
1.×× 项目											
2.×× 项目											
……											
总计											

（一）编制总述

本表反映事业单位本年财政拨款预算资金收入、支出及相关变动的具体情况。

本表"项目"栏内各项目，应当根据单位取得的财政拨款种类分项设置。其中"项目支出"项目下，根据每个项目设置；事业单位取得除一般公共财政预算拨款和政府性基金预算拨款以外的其他财政拨款的，应当按照财政拨款种类增加相应的资金项目及其明细项目。

（二）本表各栏及其对应项目的内容和填列方法

1. "年初财政拨款结转结余"栏中各项目

反映事业单位年初各项财政拨款结转结余的金额。各项目应当根据"财政拨款结转""财政拨款结余"及其明细科目的年初余额填列。本栏中各项目的数额应当与上年度财政拨款预算收入支出表中"年末财政拨款结转结余"栏中各项目的数额相等。

2. "调整年初财政拨款结转结余"栏中各项目

反映事业单位对年初财政拨款结转结余的调整金额。各项目应当根据"财政拨款结转""财政拨款结余"科目下"年初余额调整"明细科目及其所属明细科目的本年发生额填列，如调整减少年初财政拨款结转结余，以"−"号填列。

3. "本年归集调入"栏中各项目

反映事业单位本年按规定从其他单位调入的财政拨款结转资金金额。各项目应当根据"财政拨款结转"科目下"归集调入"明细科目及其所属明细科目的本年发生额填列。

4. "本年归集上缴或调出"栏中各项目

反映事业单位本年按规定实际上缴的财政拨款结转结余资金，及按照规定向其他单位调出的财政拨款结转资金金额。各项目应当根据"财政拨款结转""财政拨款结余"科目下"归集上缴"科目和"财政拨款结转"科目下"归集调出"明细科目，及其所属明细科目的本年发生额填列，以"−"号填列。

5. "单位内部调剂"栏中各项目

反映事业单位本年财政拨款结转结余资金在事业单位内部不同项目之间

的调剂金额。各项目应当根据"财政拨款结转"和"财政拨款结余"科目下的"单位内部调剂"明细科目及其所属明细科目的本年发生额填列；对单位内部调剂减少的财政拨款结余金额，以"-"号填列。

6."本年财政拨款收入"栏中各项目

反映事业单位本年从同级财政部门取得的各类财政预算拨款金额。各项目应当根据"财政拨款预算收入"科目及其所属明细科目的本年发生额填列。

7."本年财政拨款支出"栏中各项目

反映事业单位本年发生的财政拨款支出金额。各项目应当根据"行政支出""事业支出"等科目及其所属明细科目本年发生额中的财政拨款支出数的合计数填列。

8."年末财政拨款结转结余"栏中各项目

反映事业单位年末财政拨款结转结余的金额。各项目应当根据"财政拨款结转""财政拨款结余"科目及其所属明细科目的年末余额填列。

八、附注

附注是对在会计报表中列示的项目所作的进一步说明，以及对未能在会计报表中列示项目的说明，是财务报表的重要组成部分。凡对报表使用者的决策有重要影响的会计信息，不论本制度是否有明确规定，事业单位均应当充分披露。

附注主要包括下列内容：

（一）事业单位的基本情况

事业单位应当简要披露其基本情况，包括事业单位的主要职能、主要业务活动、所在地、预算管理关系等。

（二）会计报表编制基础

会计报表编制基础已在前文阐述，此处不再赘述。

（三）遵循政府会计准则、制度的声明

事业单位需要发出本单位遵循政府会计准则、制度的声明。

（四）重要会计政策和会计估计

事业单位应当采用与其业务特点相适应的具体会计政策，并充分披露报告期内采用的重要会计政策和会计估计。主要包括以下内容：一是会计期间。二是记账本位币，外币折算汇率。三是坏账准备的计提方法。四是存货类别、发出存货的计价方法、存货的盘存制度，以及低值易耗品和包装物的摊销方法。五是长期股权投资的核算方法。六是固定资产分类、折旧方法、折旧年限和年折旧率；融资租入固定资产的计价和折旧方法。七是无形资产的计价方法；使用寿命有限的无形资产，其使用寿命估计情况；使用寿命不确定的无形资产，其使用寿命不确定的判断依据；事业单位内部研究开发项目划分研究阶段和开发阶段的具体标准。八是公共基础设施的分类、折旧（摊销）方法、折旧（摊销）年限，以及其确定依据。九是政府储备物资分类，以及确定其发出成本所采用的方法。十是保障性住房的分类、折旧方法、折旧年限。十一是其他重要的会计政策和会计估计。十二是本期发生重要会计政策和会计估计变更的，说明变更的内容和原因、受其重要影响的报表项目名称和金额、相关审批程序，以及会计估计变更开始适用的时点。

（五）会计报表重要项目说明

事业单位应当按照资产负债表和收入费用表项目的列示顺序，采用文字和数据描述相结合的方式披露重要项目的明细信息。报表重要项目的明细金额合计，应当与报表项目金额相衔接。

报表重要项目说明应包括但不限于下列内容。

1. 货币资金

表 5-9　货币资金的披露格式

项目	期末余额	年初余额
库存现金		
银行存款		

项目	期末余额	年初余额
其他货币资金		
合计		

2. 应收账款

表 5-10　应收账款按照债务人类别披露的格式

债务人类别	期末余额	年初余额
政府会计主体:		
部门内部单位		
单位 1		
……		
部门外部单位		
单位 1		
……		
其他:		
单位 1		
……		
合计		

注 1:"部门内部单位"是指纳入事业单位所属部门财务报告合并范围的单位(下同)。
注 2:有应收票据、预付账款、其他应收款的,可比照应收账款进行披露。

3. 存货

表 5-11　存货的披露格式

存货种类	期末余额	年初余额
1.		
……		
合计		

4.其他流动资产

表 5–12   其他流动资产的披露格式

项目	期末余额	年初余额
1.		
……		
合计		

注：有长期待摊费用、其他非流动资产的，可比照其他流动资产进行披露。

5.长期投资

主要包含：① 长期债券投资的披露格式；② 长期股权投资的披露格式；③ 当期发生的重大投资净损益项目、金额及原因。

表 5–13   长期债券投资的披露格式

债券发行主体	年初余额	本期增加额	本期减少额	期末余额
1.				
……				
合计				

注：有短期投资的，可比照长期债券投资进行披露。

表 5–14   长期股权投资的披露格式

被投资单位	核算方法	年初余额	本期增加额	本期减少额	期末余额
1.					
……					
合计					

6.固定资产

主要包含：① 固定资产的披露格式；② 已提足折旧的固定资产名称、数量等情况。③ 出租、出借固定资产以及固定资产对外投资等情况。

表 5-15　固定资产的披露格式

项目	年初余额	本期增加额	本期减少额	期末余额
一、原值合计				
其中：房屋及构筑物				
通用设备				
专用设备				
文物和陈列品				
图书、档案				
家具、用具、装具及动植物				
二、累计折旧合计				
其中：房屋及构筑物				
通用设备				
专用设备				
家具、用具、装具				
三、账面价值合计				
其中：房屋及构筑物				
通用设备				
专用设备				
文物和陈列品				
图书、档案				
家具、用具、装具及动植物				

7. 在建工程

表 5-16　在建工程的披露格式

项目	年初余额	本期增加额	本期减少额	期末余额
1.				
……				
合计				

8. 无形资产

主要包含：① 各类无形资产的披露格式；② 计入当期损益的研发支出金额、确认为无形资产的研发支出金额；③ 无形资产出售、对外投资等处置情况。

表 5-17　各类无形资产的披露格式

项目	年初余额	本期增加额	本期减少额	期末余额
一、原值合计				
1.				
……				
二、累计摊销合计				
1.				
……				
三、账面价值合计				
1.				
……				

9. 公共基础设施

主要包含：① 公共基础设施的披露格式；② 确认为公共基础设施的单独计价入账的土地使用权的账面余额、累计摊销额及变动情况；③ 已提取折旧继续使用的公共基础设施的名称、数量等。

表 5-18 公共基础设施的披露格式

项目	年初余额	本期增加额	本期减少额	期末余额
原值合计				
市政基础设施				
1.				
……				
交通基础设施				
1.				
……				
水利基础设施				
1.				
……				
其他				
……				
累计折旧合计				
市政基础设施				
1.				
……				
交通基础设施				
1.				
……				
水利基础设施				
1.				
……				
其他				
……				
账面价值合计				
市政基础设施				
1.				
……				

项 目	年初余额	本期增加额	本期减少额	期末余额
交通基础设施				
1.				
……				
水利基础设施				
1.				
……				
其他				
……				

10. 政府储备物资

表 5-19　政府储备物资的披露格式

物资类别	年初余额	本期增加额	本期减少额	期末余额
1.				
……				
合计				

注：如事业单位有因动用而发出需要收回或者预期可能收回但期末尚未收回的政府储备物资，应当单独披露其期末账面余额。

11. 受托代理资产

表 5-20　受托代理资产的披露格式

资产类别	年初余额	本期增加额	本期减少额	期末余额
货币资金				
受托转赠物资				
受托存储保管物资				
罚没物资				
其他				
合计				

12. 应付账款

表 5-21　应付账款按照债权人类别披露的格式

债权人类别	期末余额	年初余额
政府会计主体:		
部门内部单位		
单位 1		
……		
部门外部单位		
单位 1		
……		
其他:		
单位 1		
……		
合计		

注: 有应付票据、预收账款、其他应付款、长期应付款的, 可比照应付账款进行披露。

13. 其他流动负债

表 5-22　其他流动负债的披露格式

项目	期末余额	年初余额
1.		
……		
合计		

注: 有预计负债、其他非流动负债的, 可比照其他流动负债进行披露。

14. 长期借款

主要包含: ① 长期借款按照债权人披露的格式; ② 单位有基建借款的, 应当分基建项目披露长期借款年初数、本年变动数、年末数及到期期限。

表 5-23　长期借款按照债权人披露的格式

债权人	期末余额	年初余额
1.		
……		
合计		

注：有短期借款的，可比照长期借款进行披露。

15. 事业收入

表 5-24　事业收入按照收入来源的披露格式

收入来源	本期发生额	上期发生额
来自财政专户管理资金		
本部门内部单位		
单位 1		
……		
本部门以外同级政府单位		
单位 1		
……		
其他		
单位 1		
……		
合计		

16. 非同级财政拨款收入

表 5-25　非同级财政拨款收入按收入来源的披露格式

收入来源	本期发生额	上期发生额
本部门以外同级政府单位		
单位 1		
……		
本部门以外非同级政府单位		
单位 1		
……		
合计		

17. 其他收入

表 5-26 其他收入按照收入来源的披露格式

收入来源	本期发生额	上期发生额
本部门内部单位		
单位 1		
……		
本部门以外同级政府单位		
单位 1		
……		
本部门以外非同级政府单位		
单位 1		
……		
其他		
单位 1		
……		
合计		

18. 业务活动费用

表 5-27 按经济分类的披露格式

项目	本期发生额	上期发生额
工资福利费用		
商品和服务费用		
对个人和家庭的补助费用		
对企业补助费用		
固定资产折旧费		
无形资产摊销费		

续表

项目	本期发生额	上期发生额
公共基础设施折旧（摊销）费		
保障性住房折旧费		
计提专用基金		
……		
合计		

注：有单位管理费用、经营费用的，可比照（业务活动费用）此表进行披露。

表 5-28　按支付对象的披露格式

支付对象	本期发生额	上期发生额
本部门内部单位		
单位 1		
……		
本部门以外同级政府单位		
单位 1		
……		
其他		
单位 1		
……		
合计		

注：有单位管理费用、经营费用的，可比照（业务活动费用）此表进行披露。

19. 其他费用

表 5-29　其他费用按照类别披露的格式

费用类别	本期发生额	上期发生额
利息费用		
坏账损失		
罚没支出		
……		
合计		

20. 本期费用

表 5-30　本期费用按照经济分类的披露格式

项目	本年数	上年数
工资福利费用		
商品和服务费用		
对个人和家庭的补助费用		
对企业补助费用		
固定资产折旧费		
无形资产摊销费		
公共基础设施折旧（摊销）费		
保障性住房折旧费		
计提专用基金		
所得税费用		
资产处置费用		
上缴上级费用		
对附属单位补助费用		
其他费用		
本期费用合计		

注：事业单位在按照本制度规定编制收入费用表的基础上，可以根据需要按照此表披露的内容编制收入费用表。

（六）本年盈余与预算结余的差异情况说明

为了反映事业单位财务会计和预算会计因核算基础和核算范围不同而产生的本年盈余数与本年预算结余数之间的差异，事业单位应当按照重要性原则，对本年度发生的各类影响收入（预算收入）和费用（预算支出）的业务进行适度归并和分析，披露将年度预算收入支出表中"本年预算收支差额"调节为年度收入费用表中"本期盈余"的信息。有关披露格式如下：

表 5-31　本年盈余与预算结余的差异披露格式

项目	金额
一、本年预算结余（本年预算收支差额）	
二、差异调节	—
（一）重要事项的差异	
加：1. 当期确认为收入但没有确认为预算收入	
（1）应收款项、预收账款确认的收入	
（2）接受非货币性资产捐赠确认的收入	
2. 当期确认为预算支出但没有确认为费用	
（1）支付应付款项、预付账款的支出	
（2）为取得存货、政府储备物资等计入物资成本的支出	
（3）为购建固定资产等的资本性支出	
（4）偿还借款本息支出	
减：1. 当期确认为预算收入但没有确认为收入	
（1）收到应收款项、预收账款确认的预算收入	
（2）取得借款确认的预算收入	
2. 当期确认为费用但没有确认为预算支出	
（1）发出存货、政府储备物资等确认的费用	
（2）计提的折旧费用和摊销费用	
（3）确认的资产处置费用（处置资产价值）	
（4）应付款项、预付账款确认的费用	
（二）其他事项差异	
三、本年盈余（本年收入与费用的差额）	

（七）其他重要事项说明

资产负债表存在的重要或有事项说明。没有重要或有事项的也应说明。

以名义金额计量的资产名称、数量等情况，以及以名义金额计量理由的说明。

通过债务资金形成的固定资产、公共基础设施、保障性住房等资产的账面价值、使用情况、收益情况及与此相关的债务偿还情况等的说明。

重要资产置换、无偿调入（出）、捐入（出）、报废、重大毁损等情况的说明。

事业单位将单位内部独立核算单位的会计信息纳入本单位财务报表情况的说明。

政府会计具体准则中要求附注披露的其他内容。

有助于理解和分析单位财务报表需要说明的其他事项。

第三节　事业单位会计报表的审核与财务分析

一、事业单位会计报表的审核

会计报表的审核是指对编制的会计报表进行审查和核对。单位编制会计报表以后，应认真、仔细地做好审核工作，确认准确无误后才能上报。作为上级单位或主管部门对所属单位上报的会计报表，也应对其进行一次审核，以确保会计报表的完整与准确。会计报表的审核主要包括政策性审核和技术性审核两方面。

（一）政策性审核

政策性审核主要是审查单位会计报表中反映的预算执行情况和资金收支是否符合国家财经方针政策、法规制度和预算任务，有无违反财经纪律的现象。

事业单位的审核内容包括以下方面：① 收入方面着重审核的内容。第一，各项收入的取得是否符合有关财经法规的规定，应缴财政款是否及时足额上缴国库，有无截留；第二，通过开展各项业务活动所取得的收入是否合法、合规；第三，开展的各项业务活动是否将社会效益放在首位并有利于本单位事业的健康发展；第四，取得的各项收入是否依法纳税等。② 支出方面着重审核的内容。第一，各项开支是否严格执行国家财政政策和财务制度并遵守财经纪律；

第二，是否按照计划、预算规定的范围和开支标准办理支出；第三，安排的各项支出是否合理、有效，有无挪用、转移资金及各种浪费现象；第四，各项支出结构是否合理，是否保证了正常业务开支的需要等。

（二）技术性审核

技术性审核的主要内容是：审核会计报表的数字是否正确，表内有关项目是否完整，有关数字之间的钩稽关系是否正确，有无漏报和错报的情况，报表上各项签章是否齐全等。

二、财务分析

（一）财务分析的概念及内容

财务分析是依据会计核算资料和其他有关信息资料，对单位财务活动过程及结果进行的研究、分析和评价。

财务分析的内容包括预算编制与执行情况、收入支出状况、人员增减情况、资产使用情况等。

1. 分析单位预算的编制和执行情况

该项内容主要包括两个方面。在预算编制过程中，分析单位的预算编制是否符合国家有关方针政策和财务制度规定、事业计划和工作任务的要求，是否贯彻了量力而行、尽力而为的原则，预算编制的计算依据是否充分可靠；在预算执行过程中，分析预算执行进度与事业计划进度是否一致，与以前各期相比，有无特殊变化及变化的原因。

2. 分析资产、负债的构成及资产使用情况

该项内容主要包括：分析单位的资产构成是否合理，固定资产的保管和使用是否恰当，账实是否相符，各种材料有无超定额储备，有无资产流失等问题；分析单位房屋建筑物和设备等固定资产利用情况；分析流动资产周转情况；分析负债来源是否符合规定，负债水平是否合理以及负债构成情况等。通过分析及时发现存在的问题，有针对性地采取措施，保证资产能够合理、有效地使用。

3. 分析收入、支出情况及经费自给水平

该项内容主要针对事业单位，一方面要了解掌握单位的各项收入是否符合有关规定，是否执行了国家规定的收费标准，是否完成了核定的收入计划，各项应缴收入收费是否及时足额上缴，超收或短收的主客观因素是什么，是否有能力增加收入；另一方面要了解掌握各项支出是否按进度进行，是否按规定的用途、标准使用，支出结构是否合理等，找出支出管理中存在的问题，提出加强管理的措施，以节约支出，提高资金使用效益。在分析收入、支出情况的同时，还要分析单位经费自给水平，以及单位组织收入的能力和满足经常性支出的程度，分析经费自给率和变化情况及原因。

4. 分析定员定额情况

该项内容主要是分析单位人员是否控制在国家核定的编制以内，有无超编人员，超编的原因是什么，内部人员安排是否合理；分析单位各项支出定额是否完善，定额执行情况如何等。

5. 分析财务管理情况

该项内容主要是分析单位各项财务管理制度是否健全，各项管理措施是否符合国家有关规定和单位的实际情况，措施落实情况怎样；同时要找出存在的问题，进一步健全与完善各项财务规章制度和管理措施，提高财务管理水平。

（二）事业单位财务分析的指标

事业单位财务分析指标包括预算收入和支出完成率、人员支出与公用支出占事业支出的比率、人均基本支出、资产负债率等。主管部门和事业单位可以根据本单位的业务特点增加财务分析指标。

1. 预算收入和支出完成率

衡量事业单位收入和支出总预算及分项预算完成的程度。其计算公式为：

预算收入完成率＝年终执行数÷（年初预算数±年中预算调整数）×100%

上述公式中，年终执行数不含上年结转和结余收入数。

预算支出完成率＝年终执行数÷（年初预算数±年中预算调整数）×100%

上述公式中，年终执行数不含上年结转和结余支出数。

预算收入和支出完成率越高，说明预算执行情况越好，但预算执行情况会受客观环境的影响，应具体情况具体分析。

2. 人员支出与公用支出占事业支出的比率

衡量事业单位事业支出结构。其计算公式为：

人员支出比率 = 人员支出 ÷ 事业支出 × 100% 公用支出比率 = 公用支出 ÷ 事业支出 × 100%

从总体上看，人员支出比率不宜过高，否则会减少公用支出，从而导致不利于事业单位发展的结果。

3. 人均基本支出

衡量事业单位按照实际在编人数平均的基本支出水平。其计算公式为：

人均基本支出 = （基本支出 – 离退休人员支出）÷ 实际在编人数

人均基本支出应当根据客观情况的变化而有所变化，保持科学合理的水平。

4. 资产负债率

衡量事业单位利用债权人提供的资金开展业务活动的能力，以及反映债权人提供的资金的安全保障程度。其计算公式为：

资产负债率 = 负债总额 ÷ 资产总额 × 100%

从事业单位的主体性质上看，资产负债率保持一个较低的比例，较为合适。

（三）财务分析方法

会计报表的财务分析方法主要有比较分析法、比率分析法和因素分析法。

1. 比较分析法

比较分析法是指将两个或两个以上相关指标（可比指标）进行对比，测算出相互间的差异，从中进行分析找出问题的一种方法。这种分析方法是为了说明财务信息的数量关系与数量差异，为进一步的分析指明方向。这种比较可以是将实际与预算相比，可以是将本期与历史同期相比，也可以是将本单位与同行业其他单位相比。运用比较分析法，可以看到实际执行情况与既定标准的差距，但要找到产生差距的原因，还要结合其他分析方法。所以，这种分析方法一般不单独采用。

2. 比率分析法

比率分析法是指将两个经济内容相同或者相关的指标以除法的形式计算相对数分析的一种方法。这种分析方法通过计算有关比率指标，发现指标之间的相互关系，掌握事物发展的规律。比率分析又分为相关比率分析、构成比率分析和趋势比率分析。

3.因素分析法

因素分析法是指在几个相互联系的因素中，以数值来测定各个因素的变动对总差异影响程度的一种方法。这种分析方法是为了分析几个相关因素对某一财务指标的影响程度，通过逐个替换找出影响程度最大的因素，一般要借助差异分析的方法。

第六章　新的政府会计制度在事业单位中的应用

第一节　新的政府会计制度的应用难点

2019 年 1 月 1 日起,我国政府部门全面推进新的政府会计制度的使用。政府会计制度是针对政府部门单位包括事业单位、各学校、各医院等财政供养单位设置的会计体系。我国最早的政府会计体系形成于 1990 年左右,是以收付实现制为基础的预算报告制度。近年来,我国市场经济发展飞速,经济环境变化巨大,对于政府会计来说,过去简单的收付实现制已经不能满足公众的信息需求,为了适应社会发展的要求,国家需要积极推进事业单位预算管理体制改革,以更好地提高财政资金使用效益,优化国有资产管理,提升政府绩效考核管理水平。事业单位为政府会计管理制度改革的主要适用对象,执行新制度势在必行。新的政府会计制度不仅内容创新了,相比旧制度会计工作量也加大了,对于基层事业单位来说操作难度很高,新制度在事业单位中的应用还存在一定难度和问题。对新的政府会计制度应用后的效果和反映出的问题的研究是完善政府会计制度的重要一步。

一、新的政府会计制度理论基础

（一）委托代理理论和公共受托责任理论

委托代理是指某些行为主体通过书面或口头约定，授予其他行为主体一定的权利，代替自己行使权力，并支付其相应的报酬的做法。委托代理理论产生的原因是所有权和经营权分离，权利的所有者将其让渡给代理人。受托责任是指代理人接受委托开展授权范围内的活动，在行使权利的同时，也有义务向委托方报告实际履职情况。在企业经济活动中，投资者和职业经理人表现为一种委托受托责任；在公共管理部门中，社会公众与政府表现为一种委托受托责任。在现行管理体制中，国有资产为全民所有，人民把公共资源委托给政府使用，政府向人民利用公共资源向人民提供公共服务。社会公众作为委托方，政府作为受托方掌握公共资源的使用权和管理权，承担起公共管理服务的义务，向社会公众反映受托责任的履行情况。

受托责任是指在委托代理关系下，代理人对委托人承担的相关责任。公共受托责任的委托人为人民，代理人为政府，政府作为代理人主要履行提供公共产品和服务责任。随着现代财政管理体制的建立，人民参与公共管理的意识不断加强，这就要求政府会计信息要反映政府受托责任的履行情况。预算会计模式下的会计信息只能反映政府合规性履行情况，不能提供真实、准确的运行成本信息，更不能全面反映绩效型受托责任的履行情况，因此要引入权责发生制为基础的政府会计制度，全面准确地反映政府实际运行成本信息，科学地评价政府受托责任的履行情况。

（二）会计基本假设理论

会计基本假设指为实现经济活动中的会计目标，对会计领域的时间、空间或其他事项的合理假定。会计主体假设是对会计活动空间范围进行限定的一种基本假设，它是对各项经济活动进行会计核算的前提。只有确定了会计主体，才能确定进行财务核算范围以及最终财务报告的主体，目前，我国事业单位会计主体包括各类事业单位、医疗机构、高等院校等单位。持续经营假设是假定会计主体的经济活动是一直持续的，在持续经营假设基础上进行财务核算的一种假设。会计分期假设是为便于进行会计核算，将主体的经营活动按一定期间进行会计核算的一种假设。会计分期假设便于核算企业的一定期间内经营成果，也利于归集会计主体成本费用，方便核算政事业单位运行成本。货币计量假设是对会计活动的价值量进行货币性量度的一种基本假设，主要是通过货币计量核算会计主体价值，并通过会计信息反映会计主体经济价值情况。

（三）会计确认基础理论

会计确认基础是指在经济活动中，会计事项在是否确认为某一会计要素以及何时确认问题。从国内外学者研究情况来看，会计确认基础主要包括收付实现制和权责发生制两种类型，我国事业单位在政府会计改革前主要采用的是收付实现制。收付实现制是以经济活动中涉及现金收支来确认收入或费用，会计主体不考虑该项权利或义务是否转移，该模式下收入和费用可比性差。我国事业单位的财务核算一直都是以收付实现制为基础，即采用的是预算会计制度，对于资金流入都作为当期预算收入，资金支出作为当期预算支出。会计主体在收付实现制下只核算资金的流入和流出，对于非现金资产和负债不予核算，因此在该核算模式下要编制资产负债表。随着经济社会的发展，政府发现传统的收付实现制下的核算模式，不能满足财政管理的需要，因此权责发生制引起了人们的关注。权责发生制以经济活动中权利或义务是否发生转移来判断是否进行财务核算，该模式更有利于核算收入及成本。对于会计主体，收入和费用的确认不再以资金的流入和流出为基础进行核算，对于应归属于本期的收入或应由本期负担的费用都要进行会计处理。对于不属于本期产生的收入或不应当由本期负担的费用，即使发生资金的流入和流出也不需要进行会计处理。权责发生制是为了准确确定经济活动中的收入和费用，有利于准确核算单位利润情况，也使收入费用更具有可比性。权责发生制以权利或义务的转移为标准来进行财务会计核算，因此该模式更能反映会计主体当期收益情况信息和资产负债真实状况。

二、新的政府会计制度内容变化

（一）会计核算体系的变化

新的会计核算体系是新的政府会计制度中的一项重要变化。此次改制也是史无前例的改革，结合了过去事业单位的预算会计和企业权责发生制的财务会计，建立了一种全新的双重会计核算管理模式。

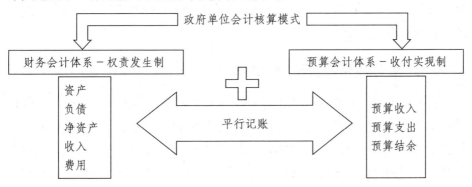

图6-1　政府单位会计核算模式图

新的双重核算模式将旧制度下的财务核算分离为两项内容，分别是财务会计核算和预算会计核算，将以前单一的预算会计内容改革为更符合当下财政公共信息需求的形式。这种形式既能一目了然地反映出财政资金的收支情况，也能将政府部门的单位资产情况按照实际情况反映出来。财务会计和预算会计二者之间既有联系又存在一定差异。

财务会计主要通过财务要素资产、负债、净资产、收入和费用反映会计核算主体的经营状况及资金流动情况。它所核算的基础是权责发生制。政府部门作为公共责任的受托承担主体，必须对外进行会计核算报告。会计核算报告包含现金流量表、净资产变动表、资产负债表和收入费用表。

预算会计通过会计要素预算收入、预算支出以及预算结余体现出会计核算主体的预算收入支出履行状况。依然沿用收付实现制，可以清晰明了地反映出财政预算管理内的资金的流动情况。预算会计是反映预算执行的载体，提交的财务报告为决算报告。决算报告包括地方财政拨款收入支出表、预算结转结余变动表和预算收入支出表。

财务会计与预算会计的核算模式既互相独立又有所关联。预算内资金的支付情况必须既在预算中记录，又在财务中体现。而在计划管理外的资金支付，只需在财务报表中体现。由于权责发生制和收付实现制的财务收入与预算收入的范畴及确定时点存在差异，费用与支出的范畴及确定时点存在差异，从而形成了预收、预付等财务处理。

这种会计制度模式，考虑到现有机构信息使用者的需要，通过推动新的政府会计核算模式，有助于为编制全面真实的会计信息创造条件，从而加强政府绩效管理水平。

（二）会计科目设置及使用的变化

记账工作是一切财务工作的基础，是一切财务活动的开始，而会计科目的使用又是会计核算工作的基础和开始。会计科目是对经济业务中使用到的会计要素的集合，是对经济业务内容的集中反映。会计科目是对会计核算项目根据其经济内涵及作用而进行的科学划分，是对各项经济业务按照账户归集的凭据。旧的事业单位会计制度，将所有会计核算科目区分为负债类、资产类、净资产类、收入类、成本费用类等，共四十八个会计核算科目。新的财务制度中将会计科目分成财务会计与预算会计两方面，财务会计中共包括七十七个科目，其中负债类科目十六个，资产类科目三十五个，净资产类科目七个，总收入类科目十一个，成本与费用类科目八个。预算会计中共包括二十六个科目，其中预算收入类科目九个，预算支出类科目八个，预算结余类科目九个。

新制度将旧制度中的存货用在途物品、库存物品、加工物品代替，对存货的计量更接近企业的计量准则，从存货的各个形态准确计量，对存货的计算也更加明确、细化。部分机构出现了长期股权投资和长期债券投资的特殊情形，新制度把原有体制中的长期投资，用长期股权投资和长期债券投资代替，更适应现代趋势。新制度在原有的资产类科目从核算范围和种类上进行了扩大补充，增加了应收股利、坏账准备、其他货币资金等项目。同时，新制度还将行政机关事业单位的固定资产，根据不同业务属性分成政府储备物资、保障性住房、公共基础设施、文物文化资产等。由于事业单位会计制度主体是政府机关，所以很多基建项目和服务内容都属于政府部门性质，新的公共基建、政府部门储备物资、保障性住房项目也都是以政府部门事业单位为财务管理而实际进行的服务，使用这些科目能更准确地形容业务性质和业务内容。

新制度中的负债类科目对旧制度中的部分科目进行了合并和分解。随着"营改增"政策在中国企业中的广泛应用，增值税逐渐成了国家的重点流转税，而政府事业单位财务管理又产生了对增值税的计量要求。旧制度中的应交税费被分解为应交增值税和其他应交税费，这样的设置更符合会计管理现状。旧制度中的国库款与专户款项合并为应缴财政款，专户款、国库款从其属性来看都是财政资金，将以上科目合为应缴财政款，这反映了新制度简化科目计算的特点。由于资产类科目中增加了证券项目等，负债类科目也相应增加了应付利息、应付政府补贴款等。为适应权责发生制中收入与支出之间的现时义务计量，又增加了预提费用、预计负债、受托代理负债科目。

净资产类科目按照新制度的需求，分别归类到财务会计的净资产类和预算会计的预算结余类，删去了旧制度中的事业基金和非流动资产基金和事业结余。新制度的净资产类科目中增设了以前年度盈余调整、累积盈余、无偿调拨净资产、本期盈余、本年盈余分配、权益法调整。财务会计中新增的科目主要是核算在权责发生制下核算单位所实现的盈余，加上因无偿划转净资产而形成的净资产变化金额。预算会计的预算结余类科目主要增加了资金结存、专用结余以及其他结余科目。资金结存科目也可以与财务会计中的货币资金类科目相对应。

新制度中的财务会计有收入类科目，预算会计中也有收入类科目。预算收入反映的是预算管理期内所收入的资金，财务的收入类科目核算的范围更广，需要将所有性质的资金都纳入核算范围。为区分各种不同性质和各种资金来源的收入，财务会计中增加了租金收入、政府捐赠收入、非同级财政收入、利息收入和政府投资收益科目。预算收入类科目增设了投资预算收益、债务预算收入、非同级财政拨款收入类科目。从科目名称可以看出，收入类科目是互相联系的。

新财务制度中有财务会计的费用类和预算会计的预算支出类。费用类科目按费用的支出性质，分为单位管理费用、业务活动费用、固定资产处置费用及所得税费用。为匹配事业单位越来越多的投资行为，新增了投资支出科目。事业单位因业务需求向外举借债务资金，反映在新增的债务还本支出科目中。

财务类科目与预算类科目根据会计要素分类设置，科目名称不同，科目性质不同，科目核算要求也不同，但是双模式背景下的设置科目也有钩稽对应关系，它们之间的联系也遵循平行记账的基本原理。科目的设置体现了财务会计和预算会计既互相独立又有所关联的特殊关系。

（三）财务报表的变化

财务报表是完成公众受托责任的一个重要部分。新公共管理理论提出，政府部门应该向社会公众公开预算执行与管理的情况，而公众获取政府部门信息的最透明的渠道即通过单位的财务报告获取信息。新制度下单位的财务报告多样化、全面化，同时难度也有所增加。财务报表是能够将单位的运行情况和资产情况清楚展现的报告。财务报表的设置应该满足信息使用者的需求，应该全面有效地将会计主体的财务状况、运行状况和资金流量情况用财务数据体现出来。新制度下的财务报表设置更加科学、完整，分别以7份财务报告反映单位的资产负债情况和收入费用情况等，以决算报告反映单位的预算资金收支执行状况。

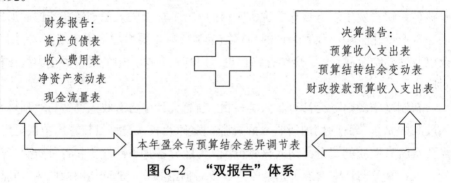

图6-2 "双报告"体系

财务报告中的资产负债表是最常用的表，反映的是单位的资产负债情况，同时以本期盈余和累计盈余反映单位的净资产。政府会计主体的净资产作为公众关注的重要元素，需要单独编制净资产变动表，对净资产在会计核算当年的变动做详细展示。在企业会计准则条件下，公司的财务报告编制中一直以来都有现金流量表，而事业单位等政府部门单位的资金流动一直是公众关注的重点，新增的现金流量表将政府部门单位的资金流动情况用单独报表的形式列出，也是为了更好地满足报表使用者的需求，做到服务公众，更要受公众的监督。附注是对披露相关信息的补充。

　　决算报表还包括预算收入与支出报表，该表是体现了预算管理系统内的资金收付状况的综合报告。预算管理系统内的资金收入包括财政投入，同时还有非同级资金、其他部门补助资金预算总收入等，而财政拨款预算收入支出表只反映单位的财政性资金的收支状况，可以更一目了然地展示出对财政资金的使用情况。预算结转结余变动表和财务会计中的净资产变动表很相似，对预算结余的变化，不管是期初余额调整还是归集上缴，都会详细反映在该报表中。从该表中可以看到单位的预算结余类资金的各个组成部分。

三、新的政府会计制度的应用优势及难点

（一）新的政府会计制度的应用优势

1. 新的政府会计制度改革在完善绩效评价体系的优势

　　国家推行权责发生制的主要目的，就是使会计管理部门提出的会计信息成为政府信息决策的重要数据基础，当地方政府部门调整公共管理资源时，可以充分发挥已有的公共资源，实现其最大的利用价值。旧制度下的绩效评价体系基于单一的预算会计，得到的财务数据存在信息不完整、不考虑当期成本、财政收支情况反映不全面的问题。因为绩效评价指标的计算依赖真实有效的财务数据，所以导致绩效评价体系难以发挥实际作用。随着新会计制度引入权责发生制，财务数据更加真实可靠，与财务信息相关的各项指标更加透明。单位的资产状况可以被准确记录，负债情况也可以被全面记录，内部财务指标和资源的使用效率可以得到充分体现。因此，管理者可以掌握全面的内部会计信息，促进资产管理制度的健全，也可以优化绩效管理系统的应用。充分发挥绩效评价系统的功能对提升政府公共资源利用效果和单位服务价值具有促进作用，能够使社会公众了解政府资源的有效利用状况，提高政府信息传播的透明度，增加社会公众对政府行政管理工作质量的信心，同时有助于政府事业单位内控制度不断实现内容变革与业绩提升。

2. 新的政府会计制度改革在优化国有资产管理的优势

旧事业单位财务体系中对固定资产的计量方法和计提折旧方法都是相对粗略的,固定资产的折旧并没有被计入当期的成本费用里。另外,由于固定资产是在购置时直接一次性计入当期费用,还存在支出确认时点不准确的问题。新的政府会计制度确定了各种类型中的不同种类的固定资产的折旧期限,统一了各单位计提折旧的年限及分类标准,有助于国有资产的管理以及国有资产管理信息的准确性。

新制度的优点之一是解决了过去对国有资产计量不精确的问题,对事业单位财务管理中一些"受托代理资产"单独计量,不再将其混淆在固定资产里。新制度按事业单位的服务的特殊性质加强了"公共基础设施、政府储备物资、文物文化资产、保障性住房"的固定资产管理,将不同性质的资产明确计量,将资产的管理明确责任,"谁负责谁计量",从而避免了国有资产的流失。

3. 新的政府会计制度改革在提高预算管理水平的优势

新制度还对政府预算编制方式做出了全新的规定,对于政府各项费用和基本开支都必须用不同的方式编入,并且为避免地方行政机关对预算资金的运用不规范,新制度规定单位的所有收入和费用均须列入政府预算方案的编制,这就要求预算方法的制定要比过去更为精细。按支出类型对预算资金进行分类,能够更准确地分配各个项目的资金,更细致地控制预算支出,也方便对每一项预算资金进行全方位的监督和考核。预算的制定在单位的财务定额标准上,要依据单位上一年度的资金结余状况预算本年收支,要以单位的资金结存情况为基础,结合单位的资金支出情况对预算资金优化配置,严格按规定使用。新的政府会计制度大大地提高了会计数据的质量,规范了财务计量过程,使财务报告更真实全面,预算报告能够更完整地体现预算资金的收支状况,为预算方案的编制提供了信息保障,促进事业单位更好地提供公共服务。

新的政府会计制度加强了对单位的结存资金的管理,要确保财政资金使用到位,而不是结余滚存。对于国家财政资金的管理,收支两条线是最明显直观的管理方式。政府预算管理范围内的钱不仅指国家财政投入,还包括事业单位的罚款性收入以及事业性收费。新的政府会计制度扩大了预算执行范围,对预算资金的管理更加全面。

（二）新的政府会计制度应用难点

执行新的政府会计制度势在必行，但现在属于初期探索阶段，还有很多难点需要克服。面对不同的科目体系和核算规则，如何从旧制度过渡到新制度，是执行时面临的最大问题。新制度有全新的核算模式和规则，使用新制度时，面临着会计科目如何对应、是否需要调整、应该如何调整、会计科目如何设置与使用等问题。新制度的成功执行也需要会计人员的专业知识和专业能力有所提升。

1. 新旧制度转换难

由于新制度与旧制度的会计科目数量种类不同，会计核算方式也有很大的区别，遵循的会计核算基础也发生了变化，原有制度下的财务数据无法在 2019 年初直接过渡到新制度下。如何将旧制度下的财务数据准确转换为新制度下的会计信息成为一项重要难题。新制度要求各单位将 2018 年底的财务数据转换成为符合新制度的数据，这就要求各单位必须确定 2018 年底的财务数据的准确性，根据确认后的余额调整并转换为符合新制度的 2019 年的期初余额。因此，各单位不仅要确保会计数据的真实、可靠，还需要完成新制度下财务报表和预算报表的编制工作。

在转换新制度的过程中，还需要考虑单位的往来款项是否有需要调整的部分。在按权责发生制核算单位的成本费用后，固定资产应按每月计提的折旧反映当月费用支出。在旧制度下，报表中只需要展示固定资产的原值以及累计折旧，对于净值没有要求，而在新制度下，固定资产在财务报表中需要完成列示，包括原值折旧和净值。固定资产计提折旧的会计处理如表 6-1 所示，因为折旧计提引起的净资产类科目余额的差异，所以在新旧制度衔接时需要考虑调整。对于从未计提过折旧的单位来说，如何补提折旧、用什么方式计提折旧都是单位在实施新制度时需要解决的一大问题。

表 6-1　固定资产计提折旧会计处理

按月计提折旧	新制度	旧制度
会计处理	借：业务活动费用 / 单位管理费用 　　贷：固定资产累计折旧	借：非流动资产基金——固定资产 　　贷：累计折旧

2. 平行记账法下会计科目使用难

回顾过去会计制度的改革，每一次会计制度的改革都会伴随着会计科目的变化。在此次政府会计制度改革中，会计科目也发生了巨大的变化，数量上从过去的48个科目增加到现在的103个会计科目，核算模式和核算规则也发生了巨大的变化。不仅数量增多了，会计科目对经济业务内容的分类也更加详细，从会计科目数量的大幅增加就可以看到在新制度下如何准确使用会计科目也是一大难题。在对经济业务计量时，需要同时考虑财务会计和预算会计。与以往的业务不同，在新的政府会计制度下每笔经济业务的记录都需要面临对权责发生制和收付实现制的双重考虑，根据不同的业务性质，分别决定财务会计与预算会计的记录准则，同时选择合适的会计科目。对于科目的使用也不只是简单地选择合适的科目，还需要考虑财务会计与预算会计的对应关系。例如，对于资金往来科目的使用时，预算会计通常会按照收付实现制的规定，作为当期的支出处理，而财务会计则在当期未列入费用，这样就会产生财务与预算的差异。对于此类情况，财务人员对会计科目的使用难度将明显增加。

3. 双重财务报表衔接难

新的政府会计制度中提出的"双报告"也是改革的一项新内容。新制度中提出了在双核算模式下需要分别提供对应的报表，符合权责发生制的财务报告和以收付实现基础的决算报告。财务报告是为了将单位的财务资产信息包括固定资产原值累计折旧等信息、负债信息包括往来款项信息、单位的累计盈余等情况全面展示，弥补过去收付实现制下财务报表过于简单笼统的缺点。决算报告是根据预算会计的会计数据提取编制成为决算报告，反映单位一定时期的预算资金的收支情况。难点是两种报告有各自的编制原则和取数方法，但是两种报告之间还有着一定连接。两种报表之间的信息是否有缺漏、是否有重复成为编制难点。编制双报告对财务人员来说不仅增加了财务工作量，同时增加了财务工作难度。在旧制度下，财务报表为单位的预算报告，在新旧制度衔接过程中如何将原单一报表中的会计数据转换为双报告模式下的会计数据也是事业单位面临的一大难题。

4. 财务人员专业能力匹配难

一些基层单位的会计人员技术能力有限，学习形式单一，学习机会也较少，对于新制度的学习是比较困难的。很多如长期债券投资、受托代理资产等科目所属的业务，从来没有接触过，使用起来更是困难，对于账务处理的正确性也是无法把握。同时，单位领导人对账务的不重视，对内控制度的简单思考都导致新制度的实施效果不理想，这就很难达到新制度的全面展示财务信息、提高绩效评价水平和提高预算管理水平的目标。政府会计的核算范围拓宽，成本核算模式更复杂，工作任务相较于旧制度增加了很多，并且工作难度也提高了，需要更多的职业判断。尤其是对于计提往来的经济业务，财务会计和预算会计在会计核算方面有许多需要注意的特点。例如，在从单位员工工资中代扣个人养老个人职业年金时，预算会计和财务会计如何入账，二者的差异如何消除都是很有难度的问题，对会计人员的专业操作能力和职业判断素质都提出了更高的要求。

第二节　新的政府会计制度在事业单位的应用策略

一、追溯往来款与固定资产折旧完成新旧制度衔接

做好新旧制度的衔接工作是新制度应用的第一步，决定了新制度下财务核算的会计数据基础，是政府会计制度顺利实施的基本保障。

在面临新旧制度转换时，首先要解决的是将按旧制度核算的会计数据整理分析。按照新制度的要求，首先需要调整的是旧制度下的往来款项，因为往来款项并未按照预算要求做支出处理，会影响预算会计的预算结余。因此，须将往来款项中有实际已支付但未做支出、实际已做支出但未支付、实际已经收到但未做收入、实际已做收入但未收到四种情况区分出来，作为调整事项。在调整往来款项时，要将对应的支出项也做调整，但由于已经是年末，收入和支出都已经结转进入财政或非财政年末余额里，所以对于调整项，相应地调整结转结余科目即可，具体包括：① 对于实际已支付但未做支出的经济业务应当调减

预算结余类科目，根据原经济业务使用的资金类别，调减财政拨款结转结余科目或非财政拨款结转科目。② 对于实际已做支出但未支付的经济业务应当调增预算结余类科目，按照经济业务的资金类别，如果属于财政资金支出业务，应当调增财政拨款结转结余科目；如果属于非财政资金支出业务，应当调增非财政拨款结转结余科目。③ 对于实际已收到但未做收入的经济业务，根据收到的资金类别应当调增预算结余类科目，收到的属于其他资金类型的资金，应当调增非财政拨款结转结余科目；收到的属于财政拨款资金，应当调增财政拨款结转结余科目。④ 对于实际已做收入但并未收到资金的经济业务，应当按照收入资金类别调减预算结余类科目，财政收入对应的往来业务调减财政拨款结转结余科目，其他收入对应的往来业务调减非财政拨款结转结余科目。按照以上类型将往来科目和预算结转结余科目逐一进行分析调整后，将调整过后的结转结余余额作为转入新制度时的期初余额。

新制度下固定资产的核算是一项重大的变化，因此在新旧制度转换时，必须考虑将固定资产按照新制度进行分类核算，这就需要追溯调整部分固定资产。同时，考虑到固定资产是在财务会计里进行全程核算的，按照权责发生制，固定资产是以计提折旧的形式反映在当期费用里的，这就要求各单位在使用新制度前需要补提以前年度未计提的折旧。以事业单位为例，将固定资产按照新制度的规定具体分类，符合公共基础设施的定义的，从固定资产转入公共基础设施；属于政府储备物资的，从固定资产转入政府储备物资；属于文化文物资产的，从固定资产转入文化文物资产；属于保障性住房的，从固定资产转入保障性住房。同时，对于固定资产中原类别划分不清楚、不准确的，可以按照实际固定资产调整为合适的固定资产类别。在补提折旧方面，可以利用国有资产管理系统进行按类别进行折旧的计提，将原来未计提折旧的固定资产按照制度规定的方法将折旧补提到转换年度的年末，按照已经使用的年限作为补提折旧的总年限，而政府物资储备和文物文化资产是不需要计提折旧的，补提的折旧作为转换后年初的"固定资产累计折旧""保障性住房累计折旧"入账金额，该固定资产的补提折旧额也是需要在累计盈余余额里调减的。

按照以上步骤调整往来款项和固定资产后，将以前年度的会计数据初步转换为符合新制度的会计数据，将调整后的会计数据填入新旧科目余额转换表，主要变化的会计科目是财务会计的累计盈余和固定资产以及固定资产累计折旧、预算会计的预算结余类科目。将以上数据填入后，就可以将旧制度下的数据信息转换为符合新制度的会计年初余额，使会计核算能够顺利过渡到新的政府会计制度，不再存在由以前年度制度差异而引起的财务会计与预算会计的差异。

二、根据会计科目的对应关系平行记账

新的政府会计制度下，科目数量繁多，核算规则与以前大不相同。平行记账法不仅要求对于会计科目的准确使用，还需要财务会计与预算会计的有效关联。根据事业单位运行政府会计制度的经验来看，可以将会计科目的核算按照资产类科目、负债类科目、收入类科目、费用类科目的对应规则进行会计核算计量。

（一）资产类科目核算规则

财务会计的资产类科目在预算会计中没有直接对应的科目，需要根据经济业务类型对应预算会计。属于支出类的经济业务，如购入固定资产、预付工程款等，对应的是预算的支出类科目；属于暂付型的经济业务，如其他应收款中的应收个人借款等，此时预算会计不做处理；资产类科目核算中的特殊情况为固定折旧、累计折旧，使用该科目时预算会计不做会计处理。

（二）负债类科目核算规则

预算会计只有收入、支出以及结余科目。财务会计的负债类科目在预算中没有直接对应的科目，但是可以根据经济业务的资金性质判断是否同步预算会计。属于支出类型的经济业务，如应付工程款等，对应预算会计应该列为支出科目；属于暂收型的经济业务，如应缴财政款等，预算会计不做账务处理。

（三）收入费用类科目核算规则

财务会计的收入类科目与预算会计的预算收入类科目互相对应。在使用财务收入科目时，需同时计量相应的预算收入科目；在使用财务费用科目时，需

同时计量相应的预算支出科目，如表6-2、表6-3所示。

表6-2　收入与预算收入科目对应关系

财务收入科目	预算收入科目
财政拨款收入	财政拨款预算收入
事业收入	事业预算收入
上级补助收入	上级补助预算收入
附属单位上缴收入	附属单位上缴预算收入
经营收入	经营预算收入
非同级财政拨款收入	非同级财政拨款预算收入
投资收益	投资预算收益
捐赠收入	
利息收入	其他预算收入
租金收入	
其他收入	

表6-3　费用与预算支出科目对应关系

财务费用科目	预算支出科目
业务活动费用	事业支出
单位管理费用	
上缴上级费用	上缴上级支出
对附属单位补助费用	对附属单位补助支出
经营费用	经营支出
资产处置费用	
所得税费用	其他支出
其他费用	

三、利用资金平衡关系连接财务与预算会计

对于双模式的平行记账法，会计数据的准确性的检查是必不可少的。因为权责发生制和收付实现制适度分离又相互连接的这一关系，如何有效地将分离的财务数据连接起来对运行单位来说十分重要。财务与预算之间的两个平衡公式既可以有效连接双面财务数据，又能作为检验财务与预算是否准确计量的依据。单位可以在会计期末运用资金平衡公式来验证双重报表的准确性，这同时也是检验不同制度下会计处理是否正确的有力手段。

第一个资金平衡公式是将财务的银行存款与预算的货币资金对应起来。

货币资金期末余额＝银行存款期末余额－受托代理负债期末余额＋其他应收款期末余额（不属于预算支出的暂付款项）－其他应付款期末余额（不属于

预算收入的暂收款项）– 应付财政款期末余额

　　第一个资金平衡公式可以验证单位资金收支的会计处理是否正确。往来款项中涉及资金收支的经济业务一直是容易出错的地方，也是影响到财务与预算资金余额能否平衡的重要因素。利用资金平衡公式可以有效避免出错，确认经济业务的正确性，以及是否将收入和支出影响着预算会计中"资金结存 – 货币资金"的期末余额列入预算，但财务会计中的"银行存款"是不考虑以上因素的，只考虑了银行存款和货币资金的差异，这是由暂收暂付类型的经济业务引起的，那么可以确定，财务与预算的资金是可以对应的，这也能够进一步确定账务处理的正确性。

　　第二个资金平衡公式是将财务的盈余和预算的结余有机地结合起来。

　　累计盈余期末余额 – 固定资产净值期末余额 = 财政拨款结转期末余额 + 财政拨款结余期末余额 + 非财政拨款结转期末余额 + 非财政拨款结余期末余额 + 专用结余期末余额

　　第二个资金平衡公式是双重报表连接关系的重要验证方式。按照权责发生制，财务会计年末终了，会将收入费用转入"本期盈余"科目，又从"本期盈余"科目转入"累计盈余"科目，代表的是现时权利义务下该单位的盈余情况。而按照收付实现制，预算会计年末终了会将收入与支出转入结转或结余类科目，代表了预算执行情况，即本年的收支结余情况。两种不同的结余并不是完全没有关联的，根据收入与费用确认的关系，财务会计中有两种特殊情况：① 购入固定资产时财务会计会将其列为固定资产，而预算会计直接将其列为当期支出，这一财务处理差异会造成两种制度下结余的差异；② 当固定资产计提折旧时，财务会计会将其列为"固定资产折旧费用"，而预算会计既不将其列入支出也不做会计处理的情况，这一差异也会引起结余的差异。

　　这两种经济业务的不同处理方式，导致了财务与预算的结余差异，因此结余类的差异反映为固定资产净值期末余额。也就是说，第二个资金平衡公式是一个恒等式，能够将财务会计和预算会计连接起来。

　　双重核算体系下，经济业务的"适度分离"性体现得比较明显，但"相互连接"的准确性以及关联性是隐性的，尤其是连接的准确性还需要验证。这不仅是对政府会计制度执行结果的一种验证，也是体现新的政府会计制度的优越性的重要方面。

四、培养财会人员管理意识

新时代的政府会计已经不再是简单的记账核算功能,财务人员作为政府会计制度的直接参与者,能够清楚地感知到越来越多的经济业务都需要财务人员的职业判断。会计工作不再只是计量和反应的要求,更要结合当前的预算执行要求、绩效管理要求以及单位的财务管理要求,对于单位的财务信息是综合以上需求的处理。会计制度的不断更新,也要求会计人员能力水平不断提升,对于新制度、新领域的研究能力和学习应用能力要不断加强。培养财务人员的财务管理意识,使他们从全局出发,为单位的财务工作出谋划策,及时发现并解决问题,围绕实际应用中出现的疑点、难点,提高理论联系实践的水平,以适应新的政府会计制度的要求。只有不断学习、查漏补缺,才能跟上改革的步伐,胜任新形势下的财务工作。

五、规范计提待摊标准,落实权责发生制

从事业单位执行新的政府会计制度的情况来看,权责发生制真正在基层事业单位落实还需要制度的进一步细化,对于待摊费用、预提费用、坏账准备等科目都还需要进一步落实。权责发生制下,单位需要对各项费用是否属于本期收入费用等不同情况及时进行记录。应当对于工资类支出包括工资奖金等在当期计提,列为当期的费用;而对于待摊费用和预提费用的标准,可以根据自己单位的资金体量与业务量确定合适的执行标准。具体做法包括:① 针对待摊费用,多少金额的费用需要待摊,可以根据单位历年相关费用支出的平均数作为执行标准,对于超过平均数的费用支出时启用待摊费用。这种方法可以避免对一些金额较小、使用时间较短的经济业务重复计提核销。待摊费用的使用可以更加准确地记录单位的当期财务数据。② 对于预提费用的计提,金额的标准也可按照相关费用的平均数来制定适合单位的起计数。预提费用是区别于以前制度中"当期支付才算费用"的规则,能够在财务会计中准确反映单位的权利和义务,这也是新的政府会计制度引入权责发生制的重要原因。③ 坏账准备的使用。坏账准备是应收账款的备抵科目。对于基层事业单位,有很多由历史遗

留问题造成的无法收回的坏账，因为单位领导与财务人员的更换，坏账无法厘清。在新的政府会计制度下，引入坏账准备科目，事业单位可以根据实际坏账情况选择个别认定法、账龄分析法或余额百分比法计算应计提的坏账准备。

六、对于特殊业务制定规范，确定执行标准

对一些特殊业务，形成统一的会计核算处理标准，可以提升规范化核算水平。对于社保资金这类需要特殊处理的经济业务，因为已经从国库零余额账户转出，预算会计是否列为支出会影响到单位的财政资金的管理。而这部分特殊业务的预算资金的管理没有统一要求，管理不善会造成财政资金的乱用及错用。对于单位存在的特殊需求，如需要在实体社保户缴纳单位养老保险、医疗保险等，单位可按照自己的实际情况统一操作方法，每月都按实际社保资金量转入社保户，此时预算会计可以同时增加货币资金和财政收入，从实体账户付出社保时，预算会计再列支出，同时减少货币资金。形成统一规范可以对相同性质的经济业务进行管理，从而及时发现是否多转或记错财政资金。对于特殊业务的会计处理，事业单位可以选择符合自己经济业务特性的处理方法，形成统一的规范，按照规范对同一类的业务进行统一的操作管理。

七、加强内部控制及外部检查力度

新的政府会计制度的有效实施是政府会计体系建立的关键点。为了保证新的政府会计制度在政府各级部门的有效实施，内部管理控制与外部监督检查都是必不可少的。财政部门作为政府会计制度的统筹规划者，应该加强对各事业单位的指导和检查工作，要确保各单位切实按照制度规范核算、履行相应职责。通过对各单位的检查摸底，对检查中执行情况较好的单位给予一定鼓励，激发各单位努力干好工作的热情；对检查中执行情况较差的单位应进行深入调研，了解清楚制度难以落实的原因，并针对困难提供一定帮助，督促各单位尽快按照制度规范执行。审计部门应该加强对各单位执行财务制度的准确性的审计检查，扩大审计检查范围，细化审计检查内容，督促各政府单位提高对财政

资金的使用率。在加强外部监督检查的同时，也应加快完善单位内部控制规章制度，做好单位内部检查与控制工作。单位可以请第三方审计公司对单位内部的财务工作进行审计，纠错补漏，进行制度实施的反馈。通过实施强化政府机构内部管理和外部审计检查和监管的措施，保证政府部门会计管理制度的高效执行，并进一步提高政府部门的会计信息质量。

参考文献

［1］丁兰英 . 事业单位财务预算管理现状及发展对策 [J]. 今日财富，2022（16）：91–93.

［2］丁兆金，庄玮玲 . 财政财务审计在事业单位财务工作中的应用探究 [J]. 财会学习，2022（21）：111–113.

［3］高寒 . 分析事业单位财务信息化管理问题及相关建议 [J]. 现代营销（上旬刊）,2022（07）：70–72.

［4］李祥寅 . 新会计制度下事业单位财务会计与内部控制分析 [J]. 财会学习，2022（23）：75–77.

［5］李玉霞 . 试论如何加强事业单位财务会计内部控制 [J]. 经济师，2022（09）：82–84+87.

［6］刘寒林 . 事业单位财务会计与预算管理整合研究 [J]. 财会学习，2022（23）：78–80.

［7］刘学华 . 政府会计 [M]. 上海：立信会计出版社，2020.

［8］刘增明 . 事业单位财务会计与预算管理整合的措施与方法 [J]. 财会学习，2022（22）：73–75.

［9］王海勇 . 事业单位财务会计规范对税收征纳的作用 [J]. 商业观察，2022（23）：23–25.

［10］王佳 . 事业单位财务内部控制优化对策研究 [J]. 现代营销（上旬刊）,2022（07）：37–39.

［11］王小红 . 政府及事业单位会计 [M]. 西安：西北大学出版社，2018.

［12］王银梅 . 政府会计 [M]. 沈阳：东北财经大学出版社，2020.

［13］邢俊英 . 事业单位会计 [M]. 沈阳：东北财经大学出版社，2019.

［14］杨武岐，田亚明，付晨璐 . 事业单位内部控制 [M]. 北京：中国经济出版社，2018.

［15］于翠霞 . 信息时代背景下事业单位财务会计的工作创新分析 [J]. 现代商贸工业，2022，43（18）：129–130.

［16］张彩玲 . 加强事业单位财务会计内部控制的思考 [J]. 老字号品牌营销,2022（20）: 148–150.

［17］张力 . 内部控制背景下事业单位财务预算管理研究 [J]. 质量与市场,2022（13）: 97–99.

［18］张群 . 财务共享背景下事业单位财务转型的思考 [J]. 财经界，2022（28）: 126–128.

［19］张荣兰 . 资产管理在事业单位经济管理中的作用 [M]. 中国原子能出版社，2020.

［20］张雪芬，倪丹悦 . 政府会计 [M]. 苏州：苏州大学出版社，2019.

［21］张雪芬，倪丹悦 . 行政事业单位会计 [M]. 苏州：苏州大学出版社，2018.

［22］赵永华、李其海、王青 . 水利企事业单位财务管理实务 [M]. 北京：九州出版社，2018.